Enwau Cymraeg i Blant
Welsh Names for Children

Enwau Cymraeg i Blant
Welsh Names for Children

Heini Gruffudd

Argraffiad cyntaf / *first edition*: 1980
14eg adargraffiad / *14th reprint:* 2006
Argraffiad diwygiedig / *this revised edition:* 2010

Hawlfraint / *copyright:* Heini Gruffudd ac Y Lolfa Cyf., 2010

Clawr: Robat Gruffudd
Yn y llun: Esyllt Einion a Llŷr ab Einion

Rhif Llyfr Rhyngwladol / *ISBN:* 978 1 84771 219 6

Argraffwyd ar bapur di–asid */ Printed on acid–free paper*
a rhwymwyd a chyhoeddwyd yng Nghymru gan / *and bound and published in Wales by*
Y Lolfa Cyf.
Talybont, Ceredigion SY24 5HE
01970 832 304
www.ylolfa.com
ylolfa@ylolfa.com

Rhagair

Bu'n bleser gweld y defnydd a fu ar *Enwau Cymraeg i Blant*. Mae'r fersiwn mwy cyflawn hwn yn cynnwys yr enwau mwyaf cyffredin yn y Gymraeg, a gobeithio y bydd eto o gymorth i rieni ledled Cymru ac mewn rhannau eraill o'r byd wrth iddyn nhw ddewis enwau i'w plant.

Ganrif yn ôl prin iawn oedd enwau Cymraeg ar blant. Erbyn heddiw mae'r rhod wedi troi, a rhieni'n dewis enwau sy'n brithio'n hanes a'n chwedlau, ein tir a'n crefydd. Ychwanegwch at y rhain enwau ein llenyddiaeth, rhai sy'n codi o fyd natur, a rhai tramor wedi'u Cymreigio, ac fe welwch fod gyda ni gyfoeth o enwau.

Gall fod yn anodd dehongli enwau. Gall ystyr gynnig ei hun oherwydd cysylltiad â gair Cymraeg, ond gall yr enw darddu o elfennau gwahanol, yn aml yn rhai estron. Beth bynnag am hynny, fe wnawn ein gorau yma i roi peth esboniad am enwau a sôn hefyd am bobl amlwg cysylltiedig â'r enwau, ac am gysylltiadau daearyddol.

Datblygodd nifer o'r enwau bedydd hyn yn gyfenwau.

Mae'n wych gweld yr enwau hyn yn cymryd lle'r cyfenwau Saesneg sy'n dal yn bla.

Diolch i bawb a gyfrannodd enwau i'r llyfr hwn, i Tegwyn Jones am olygu manwl, ac i'r cymorth a gafwyd trwy raglen Dafydd Du ac Eleri Siôn ar Radio Cymru a rhaglen *Wedi Saith*, Tinopolis. Diolch hefyd i wasg Y Lolfa am waith trylwyr.

HEINI GRUFFUDD
2010

Foreword

It has been a pleasure to see the use that has been made of *Welsh Names for Children*. This is a more comprehensive version which contains the most common Welsh names. I hope that this will help parents in all parts of Wales and in other parts of the world to choose names for their children.

A century ago it was rare to give children Welsh names. This has changed completely, and parents are now choosing names that are part of our history and mythology, our land and religion. Add to these names which are connected with literature, names from the natural world, and foreign names that have been Cymricised, you will see that we have a wealth of names.

Explaining names can be difficult. A meaning can seem obvious, but the origin can be from different elements, which are sometimes foreign. We have however attempted to explain most names and link names with famous people, or geographic features.

As well as having a Welsh name, your child will benefit from Welsh medium education. Welsh medium schools are well known for their high standard of education, and children become completely fluent in both English and Welsh. There is a school near you.

Thanks to all who contributed names for this book, to Tegwyn Jones for detailed editing, and to the help received through Dafydd Du and Eleri Siôn's programme on Radio Cymru and *Wedi Saith*, Tinopolis. Thanks also to Y Lolfa for its careful work.

HEINI GRUFFUDD
2010

Byrfoddau / *Abbreviations*

Defnyddiwyd y byrfoddau hyn yn y llyfr hwn:
The following abbreviations have been used in this book:

–	**o flaen dyddiad: bu farw** before a date: died
♂	**ar ôl enw: enw gwryw** after a name: masculine name
♀	**ar ôl enw: enw benyw** after a name: feminine name
?	**ystyr neu darddiad posibl** possible meaning or derivation
#	**yn perthyn i enw arall** related to another name
=	**ystyr** meaning
>	**yn tarddu o** derived from
Note:	**ap, ab** = son of **merch, ferch** = daughter of

Y Wyddor
The Welsh Alphabet

Mae'r enwau yn y llyfr hwn wedi'u trefnu yn ôl y wyddor Gymraeg.
The names in this book have been arranged according to the Welsh alphabet.

A B C Ch D Dd E F Ff G Ng H I J L Ll M N O P Ph R Rh S T Th U W Y

Ynganu / *Pronunciation*

CONSONANTS
English equivalent

b	b
c	k
ch	ch (as in 'lo**ch**')
d	d
dd	th (voiced, as in **th**at)
f	v
ff	ff (as in o**ff**)
g	g (hard as in **g**ame)
ng	usually ng (as in wi**ng**)
	n–g (as in a**ng**ry)
h	h
j	j
l	l
ll	ll
	(position mouth for 'l' and blow voicelessly)
m	m
n	n
p	p
ph	ff
r	r (trilled)

rh	rh (trilled with h)
s	s (as in **s**oon)
t	t
th	th (voiceless, as in **th**ing) *cath*

VOWELS
English
equivalent

a	a (short, as in Americ**a**)
	ah (long, as in p**ar**k)
e	e (short, as in w**e**nt)
	eh (long, as in caf**é**)
	ee (after 'a', as in w**ee**k)
	ee (after 'o', as in w**ee**k)
i	i (short, as in p**i**n)
	ee (long, as in w**ee**k)
o	o (short, as in gone)
	oa (long, as in fore)
u	i (short, as in p**i**n)
	ee (long, as in w**ee**k)
	French 'u' (in north Wales only)
w	oo (short as in p**u**ll)
	oo (long, as in *fool*)
y	i (short, as in p**i**n)
	uh (as in f**u**n)

ee (long, as in w**ee**k)
(In north Wales this 'y' is pronounced like the French 'u')

Other combinations:
English
equivalent

si	sh
wy	ooee
sh	sh

The accent on Welsh words is almost always on the last syllable but one.

A

ABEL ♂
Ail fab Adda ac Efa, ? = mab
Second son of Adam and Eve, ? = son

ADWEN ♀
Santes gynnar, merch Brychan Brycheiniog
An early British saint, daughter of Brychan Brycheiniog
gwen = white

ADDA ♂
> Hebraeg am goch, lliw y croen
> Hebrew for red, the colour of skin; cf. Adam

ADDIEN ♀
= hardd, tirion
fine, fair

AEDDAN ♂
Enw un o'r milwyr a aeth i Gatraeth (gw. Aneirin) yn y
6ed ganrif
Disgybl i Ddewi Sant
The name of one of the soldiers who went to Catraeth
(Catterick) (v.Aneirin) in the 6th century
A pupil of St David

AEDDON ♂
Arwr o Fôn y mae marwnad iddo yn Llyfr Taliesin
(14g.)
An Anglesey chieftain whose elegy appears in The Book
of Taliesin (14th cent.)

AELAN ♂

AELWEN ♀
ael = brow; gwen = white, fair

AELWYN ♂
ael = brow; gwyn = white, fair

AERES ♀
= heiress

AERFEN ♀
aer = battle
Un o dduwiau'r afonydd, a addolai'r Celtiaid
Cysylltiedig ag afon Dyfrdwy

A river goddess worshipped by the Celts. Associated
with river Dee

AERON ♂ AERON ♀
Celteg Agrona = duwies cyflafan; duw rhyfel; cf.
Aberaeron, afon Aeron
aer = battle
Celtic Agrona = god of slaughter or war, cf. Aberaeron,
river Aeron
aeron = berries

AERONA ♀
Aeron

AERONWEN ♀
aeron + gwen = white, blessed

AERONWY ♀
Aeron

AETHWY ♂
Porthaethwy, Môn
Porthaethwy (Menai Bridge), Anglesey

AFALLON ♂
Cludwyd Arthur i Ynys Afallon
Arthur was taken to Isle of Avallon

AFAN ♂ AFAN ♀
Sant, cefnder i Ddewi
Afan Ferddig, bardd cynnar
Enw sawl afon; Aberafan, Morgannwg
afon = river
A saint, a cousin of David
Afan Ferddig, an early poet
The name of many rivers; Aberafan, Glamorgan

# AFONWY ♀
afon = river

AGNES ♀
Agnest
> Groeg 'agnos' = pur
> Greek 'agnos' = pure

AGNEST ♀
Agnest ferch Gruffudd ap Cynan

ANGELL ♂ ANGELL ♀
Afon yng Ngwynedd
angell = arm, leg, talon
A river in Gwynedd

ANGHARAD ♀

an- CRYFHAOL + câr
Angharad ferch Meurig,
gwraig Rhodri Fawr o'r
8fed ganrif
Angharad ferch Owain
ab Edwin, –1162,
gwraig Gruffudd
ap Cynan, mam
Gwenllïan

an- INTENSIFYING PREFIX + câr
= loved

Angharad Mair

Angharad ferch Meurig,
wife of Rhodri the Great
of the 8th century
Angharad ferch Owain ab Edwin, –1162, wife of
Gruffudd ap Cynan, mother of Gwenllïan

AIDAN, AIDEN ♂

> Hen Wyddeleg aid = tân
Sant o'r 6ed ganrif, disgybl i Ddewi. (Enwau eraill:
Aidus, Maidoc, Madog). Dydd Gŵyl, 31 Ionawr
> From old Irish aid = fire
6th century saint, a pupil of Dewi (Other names: Aidus,
Maidoc, Madog). Feast Day, 31 January

ALAN ♂

Alawn, Alun
Sant cynnar o Gymru a ddaeth yn Esgob Kemper,
Llydaw
Alan ab Emyr Llydaw
Alan Fyrgan o Lydaw
An early Welsh saint who became Bishop of Kemper,
Brittany
Alan Fyrgan of Brittany

ALANA ♀

Benywaidd Alan, neu ffurf ar Elen
Feminine of Alan, or a form of Elen

ALAW ♂ ALAW ♀

Afon yn Sir Fôn, y bu farw Branwen ar ei glan
Trealaw, Morgannwg
alaw = melody
A river in Anglesey on the banks of which, as related in
the *Mabinogion*, Branwen died
Trealaw, Glamorgan

ALAWN ♂ ALAWN ♀

Un o'r tri bardd cyntaf, yn ôl traddodiad
One of the first three bards, according to tradition

ALBAN ♂
Un o'r merthyron Cristnogol cyntaf ym Mhrydain (3edd ganrif)
Alban = Scotland
One of the first Christian martyrs in Britain (3rd century)

ALCWYN ♂
> Hen Saesneg ealh = teml + wine = cyfaill
Roedd Alcuin, 735–804, yn ddiwinydd Seising, ac yn gyfaill i Siarlymaen
> Old English ealh = temple + wine = friend. English form: Alcuin
Alcuin, 735–804, was an English theologian, a friend of Charlemagne

ALDRYDD ♂
Eldrydd
Brenin Ewias o'r 9fed ganrif
9th century king of Ewias

ALDWYN ♂
> Hen Saesneg 'Ealdwine'; eald = hen, wine = cyfaill
> Old English 'Ealdwine'; eald = old, wine= friend

ALDYTH ♀
Aldith, Aldwyth
> Hen Saesneg, eald = hen, gyth = brwydr
> Old English, eald = old, gyth = battle

ALEC ♂
> Groeg, = amddiffynnydd
> Greek, = defender

ALED ♂
Enw afon a llyn yn Sir Ddinbych
Tudur Aled, bardd o'r 15fed ganrif
Name of a river and lake in Denbighshire
Tudur Aled, 15th century poet

ALIS ♀
Alys
Alis ferch Gruffudd ab Ieuan ap Llywelyn Fychan, c.1520 – ?, bardd
Alis ferch Gruffudd ab Ieuan ap Llywelyn Fychan, c.1520 – ?, poet

ALON ♂
Alan

ALUN ♂
> enw Celteg Alaunos; enw afon yn Sir Fflint
Alun Mabon, testun cerdd enwog gan Ceiriog 1832–87
Enw barddol John Blackwell, bardd 1797–1840
al = wandering
> Celtic name 'Alaunos'; river name in Flintshire
Alun Mabon, the subject of a well–known poem by John
Ceiriog Hughes 1832–87
the bardic name of John Blackwell, poet 1797–1840

ALUNA ♀
Alun

ALWEN ♀
Afon yng Nghlwyd
A river in Clwyd

ALWENA ♀ ALWINA ♀
Alwen

ALWYN ♂
> Hen Saesneg, Aethelwine, aetbel = bonheddig; wine
= cyfaill. (Neu ddyfeisiad Iolo Morganwg: al = mawr,
eithafol); gall fod yn ffurf wrywaidd o Alwen
From Old English, Aethelwine, aetbel = noble; wine =
friend. (Or Iolo Morganwg's invention: al = great; gwyn
= white, blessed); could be a masculine form of Alwen

ALYS ♀
Alis
> Alice, Hen Almaeneg Adalheidis, athal = bonheddig +
haidu = caredig
Roedd Alys Rhonwen yn ferch i Hengist, a daeth yn
wraig i Wrtheyrn yn y 5ed ganrif; plant Alys = Saeson
Alys ferch Gruffudd ab Ieuan ap Llywelyn Fychan,
c.1520, prydyddes
Alice, Old German Adalheidis, athal = noble + haidu
= kind
Alys Rhonwen was the daughter of Hengist, and became
wife of Vortigern in the 5th century; children of Alice =
the English
Alys ferch Gruffudd ab Ieuan ap Llywelyn Fychan,
c.1520, poetess

ALLTWEN ♀
pentref ger Pontardawe
a village near Pontardawe

ALLWYD ♂
? Arllwyd, Sir Ddinbych
? Arllwyd, Denbighshire

AMAN ♂
Rhydaman, Sir Gaerfyrddin
Ammanford, Carmarthenshire

AMANWY ♂
Enw barddol David Griffiths 1882–1953 o Ddyffryn Aman
The bardic name of David Griffiths 1882–1953 from the Amman valley in Carmarthenshire

AMIG ♂
> chwedl ganoloesol *Amlyn ac Amig*, cysylltiedig â llys Siarlymaen; gweler drama Saunders Lewis, *Amlyn ac Amig*
A character in a medieval tale *Amlyn and Amig*, associated with the court of Charlemagne; see Saunders Lewis's play, *Amlyn ac Amig*

AMLAWDD ♂
Amlawdd, Anlawdd, Amlodd
Amlawdd Wledig, tad Eigr
Amlawdd Wledig (Leader), father of Eigr

AMLODD ♂
Tad-cu'r Brenin Arthur
King Arthur's grandfather

AMLYN ♂
Un o'r ddau gyfaill yn y chwedl canoloesol *Amlyn ac Amig*, cysylltiedig â llys Siarlymaen; gweler drama Saunders Lewis, *Amlyn ac Amig*
One of the two friends in the medieval tale *Amlyn and Amig*, associated with the court of Charlemagne; see Saunders Lewis's play, *Amlyn ac Amig*

AMOS ♂
> Hebraeg 'wedi ei gludo'; enw Beiblaidd
> Hebrew 'carried'; Biblical name

AMRANWEN ♀
amrant + gwen
amrant = an eyelid + gwen = white

ANARAWD ♂
? an- CRYFHAOL + arawd, araith neu rhawd = llu
Anarawd ap Rhodri Mawr, –916
Anarawd ap Gruffudd, –1143, arweinydd gwŷr Deheubarth
? an- INTENSIFYING PREFIX + arawd = speech or rhawd = a host
Anarawd ap Rhodri Mawr, –916
Anarawd ap Gruffudd, –1143, leader of the Welsh in south-west Wales

ANDRAS ♂
Andreas
Llandandras, Powys
Llanandras, Powys = Presteigne

ANDREAS ♂
> Groeg, = gwrol. Disgybl cyntaf Iesu
> Greek, = manly. First disciple of Jesus; cf. Andrew

ANDRO ♂ ANDROW ♂
Andreas

ANEIRA ♀
an- CRYFHAOL + eira
an- INTENSIFYING PREFIX + eira, snow

ANEIRIN ♂
Aneurin, Neirin
> Lladin 'honorius'. Neu an- CRYFHAOL + 'aur'
Bardd o'r 6ed ganrif a ysgrifennodd am 300 milwr a aeth
i Gatraeth i ymladd â'r Saeson
Aneurin Bevan, 1897–1960, AS Glyn Ebwy
> Latin 'honorius'. Or an- INTENSIFYING PREFIX + 'aur' = gold
6th century poet who wrote of 300 Welsh soldiers who
fough the English at Catraeth (Catterick)
Aneurin Bevan (1897–1960) Labour MP for Ebbw Vale

ANEIRWEN ♀
an- CRYFHAOL + eira + gwen
an- INTENSIFYING PREFIX + eira = snow + gwen = white

ANES, ANEST ♀
Annes, Annest, Nest
Merch Gruffudd ap Cynan, brenin Gwynedd yn y 12fed
ganrif
The daughter of Gruffudd ap Cynan, king of Gwynedd
in the 12th century

ANEURIN ♂
Aneirin
Aneurin Fardd, Aneurin Jones, 1822–1904, o Fedwas,
Mynwy, llenor ar arolygwr gerddi yn Efrog Newydd
Aneurin Fardd, Aneurin Jones, 1822–1904, from
Bedwas, Monmouthshire, writer and garden inspector,
New York

ANHUN ♀
> Lladin, Antonius
Morwyn Madrun, merch Gwrthefyr o'r 5ed ganrif
From Latin, Antonius # Anthony
Maid of Madrun, daughter of Gwrthefyr, 5th century

ANIA ♀
# Anna
Rwsieg = graslon
Russian = gracious

ANIAN ♂
Esgob Llanelwy yn y 13eg ganrif, –1266
Bishop of St Asaph in the 13th century, –1266
= spirit, nature

ANITA ♀
ffurf fachigol ac anwes 'Ann'
affectionate form of 'Ann'

ANLAWDD ♂
Anlawdd Wledig, tad Goleuddydd a thad-cu Culhwch,
yn y *Mabinogi*
Anlawdd Wledig, the father of Goleuddydd and
grandfather of Culhwch, in the *Mabinogion*

ANN ♀
Anna
Ann Griffiths, Dolwar Fach 1776–1805, prif emynyddes
Cymru
Ann Griffiths, Dolwar Fach 1776–1805, foremost female
hymnwriter

ANNA ♀
> 'Hannah' Hebraeg neu >
Ann, Danu = Dôn
Gwraig neu fam Beli Mawr
Chwaer Arthur
Mam-gu'r Iesu oedd
Santes Anna o Lydaw
> Hebrew 'Hannah', or >
Anu, Danu = Dôn
Wife or mother of Beli
Mawr
Sister of Arthur
Saint Anna of Brittany was Jesus's
grandmother

Ann Griffiths

ANNALYN ♀
? Anna + Lyn

ANNELL ♀
Afon yn Sir Gaerfyddin
A river in Carmarthenshire

ANNES, ANNEST ♀
\# Anes, Nest
Merch Angharad a Gruffudd ap Cynan, Brenin
Gwynedd, 12fed ganrif
Daughter of Angharad and Gruffudd ap Cynan, King of
Gwynedd, 12th century

ANNI ♀
\# Annie

ANNUN ♂
\> Antonius
Annun ap Macsen Wledig

ANONA ♀
\# Nona

ANTUR ♂
= adventure

ANWEN ♀
an- CRYFHAOL + gwen
an- INTENSIFYING PREFIX + gwen = white or blessed

ANWYL, ANNWYL ♀
\# Annwyl
= dear, beloved

ANWYLYN ♀
= dear one

ARAN ♂
Aran Fawr, Aran Benllyn, Aran Fawddwy: mynyddoedd
yng Ngwynedd
Aran Fawr, Aran Benllyn, Aran Fawddwy: mountains
in Gwynedd

ARANLI ♂
? aran + lli = stream

ARANRHOD ♀
\# Arianrhod

ARANWEN ♀
\# Arianwen
Aran neu arian + gwen
Aran (mountain) or arian = silver + gwen = white,
blessed

ARANWY ♀

ARAWN ♂
Brenin Annwfn yn chwedlau'r *Mabinogi*
King of the Underworld in the tales of the *Mabinogion*

ARDUDFYL ♀
Tudful

ARDUDWEN ♀
Ardudwy, ardal yng Ngwynedd
Ardudwy, an area in Gwynedd

ARDDUN ♀
= prydferth, harddu
Arddun, gwraig Rhydderch Hael
Arddun Benasgell, merch Pabo a mam Tysilio, 5ed ganrif
Dolarddun, Trefaldwyn
= beautiful, to beautify
Arddun, wife of Rhydderch Hael
Arddun Benasgell, Daughter of Pabo and mother of Tysilio, 5th century
Dolarddun, Montgomery

ARDDUR ♂
Trearddur, pentref ym Môn
Trearddur, a village in Anglesey

ARFON ♂
ar + Môn. Rhan o Wynedd
ar = on + Môn = Anglesey. Part of Gwynedd

ARFONA, ARFONIA ♀
Arfon

# ARFOR ♂
ar = on + môr = sea

ARFRYN ♂
ar + bryn
ar = on + bryn = hill

ARGOED ♂
ar + coed
ar = on + coed = trees

ARIAL ♂
= nerth, dewrder
= vigour, strength, courage

ARIANNELL ♀
arian = silver

ARIANNIN, ARIANINA ♀
= Argentina

ARIANRHOD ♀
arian + rhod
Caer Arianrhod = Corona Borealis; duwies y lleuad, duwies yr awen, merch Dôn, y dduwies Geltaidd, mam Lleu Llaw Gyffes
arian = silver + rhod = circle
Caer Arianrhod = Corona Borealis; moon goddess, goddess of the muse, daughter of Dôn, the Celtic goddess, mother of Lleu Llaw Gyffes

ARIANWEN ♀
arian + gwen
Santes gynnar, merch Brychan Brycheiniog
arian = silver + gwen = white, blessed
Early saint, daughter of Brychan Brycheiniog

ARIANWYN ♂
arian + gwyn
arian = silver + gwyn = white, blessed

ARIEL ♂
Arial

ARMON ♂
Garmon, Harmon
Pentref Llanarmon ym Mhowys
Village of St Harmon (Llanarmon), Powys

ARNALLT ♂
Arnall
> Saesneg 'Arnold'
> English 'Arnold'

AROFAN ♂
Bardd Selyf ap Cynan Garwyn yn y 7fed ganrif
Poet of Selyf ap Cynan Garwyn in the 7th century

ARON ♂
Brawd Moses a Sant Celtaidd
Aron fab Dyfnwyn, sonnir amdano yn *Englynion y Beddau* o'r 9fed a'r 10fed ganrif
Brother of Moses and a Celtic saint
Aron fab Dyfnwyn, mentioned in *Stanzas of the Graves*, 9th and 10th century

ARTRO ♂
Afon yng Ngwynedd
River in Gwynedd

ARTHEN ♂
Arthien
Afon yng Ngheredigion
Duw afon; mab Brychan Brycheiniog; brenin Ceredigion yn y 9fed ganrif
River in Ceredigion
A river-god; the son of Brychan Brycheiniog in the 5th century; the king of Ceredigion in the 9th century

ARTHIEN ♂
Arthen
? arth + geni
? arth = bear + geni = to be born

ARTHOG ♂
Pentref ym Meirionnydd
? arth = bear, hill
A village in Merionethshire

ARTHUR ♂
> Celteg 'artos' = arth; Lladin, Artorius
Arthur ab Uthr Bendragon, arweinydd milwrol yn y 6ed ganrif yn erbyn yr Eingl-Sacsoniaid. Arwr chwedlau rhamant ac antur yn Ewrop
> Celtic 'artos' = bear; Latin, Artorius
Arthur ab Uthr Bendragon, 6th century military leader against the Anglo-saxons. Hero of European adventure and romance tales

ARWEL ♂
= amlwg
= prominent

ARWEN ♀
ar- CRYFHAOL + gwen
ar- INTENSIFYING PREFIX + gwen = white, blessed

ARWENNA ♀
Arwen

ARWYN ♂
ar- CRYFHAOL + gwyn
ar- INTENSIFYING PREFIX + gwyn = white, blessed

Arthur

ASAFF ♂
Sant a sefydlodd esgobaeth Llanelwy, Sir Ddinbych
A saint who founded the see of St Asaph (Llanelwy),
Denbighshire

ATHWENNA ♀
Un o ferched Brychan Brycheiniog
One of Brychan Brycheiniog's daughters

AUR ♀
aur = gold

AURDDOLEN ♀
aur = gold + dolen = link

AURES ♀
# Aeres
aeres = heiress

AURFRYN ♂
# Eurfryn
aur = gold + bryn = hill

AURONA ♀
# Aerona
aur = gold; aeron = berries; aer = battle

AURYN ♂
# Euryn
aur = gold

AWEL, AWELA ♀
# Awela
awel = breeze

AWEN, AWENA ♀
awen = muse, inspiration

AWSTEN, AWSTIN ♂
> Lladin, Augustus = hybarch
Sant Augustine oedd Archesgob cyntaf Caer Gaint, 6ed
ganrif
> Latin, Augustus = venerable
Saint Augustine was the first Archbishop of Canterbury,
6th century.

B

BAEDDAN ♂
Baedan
= baedd bach? Enw person a ddaeth yn enw nant ym
Mrycheiniog a Gwent
= small boar? Personal name that became the name of a
stream in Breconshire and Gwent

BAGLAN ♂
= ffon fagl (ffon esgob?)
Baglan ab Ithel Hael
Sant cynnar
Enw lle yng Ngorllewin Morgannwg
= crutch (bishops's staff?)
Early saint
Place-name in West Glamorgan

BALDWYN ♂
> hen Almaeneg Baldavin, balda = hyf + vini = cyfaill
> old German Baldavin, balda = bold + vini = friend

BANADL ♂ BANADL ♀
Brenin cynnar Powys

= broom flowers
An early king of Powys

BANWEN ♀
Pentref yng nghwm Nedd
ban = peak or banw = piglet + gwen= white, blessed
A village in the Neath valley

BARACH ♂
Nant yn Sir Gaerfyrddin
A stream in Carmarthenshire

BARRI ♂
> Gwyddeleg Bearrach = gwayw
Ynys y Barri
> Irish Bearrach = spear
Ynys y Barri = Barry Island

BARRWG ♂
Barruc

BARTI ♂
Bartholomew
Barti Ddu, llysenw Bartholomew Roberts, –1722,
morleidr enwog o Sir Benfro
Barti Ddu, nickname of Bartholomew Roberts, –1722, a
famous pirate from Pembrokeshire

BARTHOLOMEW ♂
Hebraeg am fab Talmai
Hebrew for son of Talmai

BARUC ♂
Barrwg
Sant a gladdwyd ar Ynys Barren (Ynys y Barri)
A saint buried on Ynys Barren (Barry Island)

# BARWYN ♂
bar = copa, twyn + gwyn
bar = summit, mound + gwyn = white, blessed

BECA ♀
Rebeca, Rebecca
Merched Beca a chwalodd dollbyrth yn ne- orllewin
Cymru o gwmpas 1835
Merched Beca (the Daughters of Rebecca) destroyed
tollgates in south—west Wales around 1835

BECHAN ♀
Bethan
Un o ferched Brychan Brycheiniog
= small
One of the daughters of Brychan Brycheiniog

# BEDAWS ♂
# Bedo, amrywiad ar Maredudd
bedw = birch

BEDO ♂ BEDO ♀
Beirdd: Bedo Brwynllys, *c.*1460, Bedo Hafesb, *fl.* 1568
The above were poets

# BEDWEN ♀
bedwen = birch

# BEDWYN ♂
bedw = birch + gwyn = white

BEDWYR ♂
Gyda Cai, cydymaith cynharaf y Brenin Arthur.
Taflodd y cledd Caledfwlch i'r llyn
With Cai, the earliest companion of King Arthur. He
threw the sword Excalibur into the lake. English form =
Bedivere

BEDYN ♂
Bedo, Maredydd

BEGAN ♀
Marged

BEGW ♀
Megan
Un o gymeriadau *Te yn y Grug*, Kate Roberts
One of the characters in *Tea in the Heather*, Kate Roberts

BEINON ♂
ab Einon, ab Einion
son of Einon. English form = Beynon

BELINDA ♀
> Hen Almaeneg, Betlindis, lindi = neidr
> Old German, Betlindis, lindi = snake

BELYN ♂
Arweinydd milwrol o'r 7fed ganrif. Rhoes fod i gyfenwau
Bellin, Belling
Military leader of the 7th century. Surnames Bellin,
Belling are derived from it

BELIS ♂
ab Elis
son of Elis

BEN ♂
Bendigeidfran
pen, neu bendigaid > Lladin 'benedictus'
A fo ben, bid bont
Ben Bowen 1878–1903, bardd o'r Rhondda
pen = head, or bendigaid from Latin 'benedictus' = blessed
'A fo ben, bid bont', a proverb from the *Mabinogion* = 'He
who wants to lead must be a bridge'
Ben Bowen 1878–1903, poet from the Rhondda

BENDIGEIDFRAN ♂
Ben, Brân
Brenin yn chwedlau'r *Mabinogi*
A king in the tales of the *Mabinogion*

BENLLI ♂
Rheolwr Powys
Ruler of Powys

BERAF ♂
> Llydaweg = llifo
> Breton = to flow
Rheolwr Powys
Ruler of Powys

BERDDIG ♂
Bardd y brenin Gruffudd ap Llywelyn, 11eg ganrif
Poet of King Gruffudd ap Llywelyn, 11th century

BERE ♂
Castell ar ffin ddeheuol Gwynedd, 13eg ganrif
A castle built by the Welsh on the southern boundary of Gwynedd, 13th century

BERIAN ♂
Brynberian, pentref ger Crymych, Sir Benfro
Brynberian, a village near Crymych, Pembrokeshire

BERNANT ♂
? pêr + nant
? pêr = sweet + nant = stream

BERTH ♀
berth = beautiful

BERW ♂
bar = copa
bar = peak

BERWEN ♀
Ffurf fenywaidd ar Berwyn
A feminine form of Berwyn

BERWYN ♂
bar = copa + gwyn; afon Berwyn: berw + gwyn
Sant cynnar, mab Brychan Brycheiniog
Cadwyn o fryniau ym Meirionnydd a sir Ddinbych
bar = peak + gwyn = white, blessed; river Berwyn: berw = bubbling + gwyn = white
An early Welsh saint, son of Brychan Brycheiniog
A range of hills in Merionethshire and Denbighshire

BERYL ♀
> Groeg, enw carreg werthfawr
> Greek, name of precious stone

BES ♀
Bet

BET, BETI ♀
Beti, Eslbeth, Elisabeth, Bethan

BETRYS ♀
> Lladin, = dygwr llawenydd; cyfateb i'r Saesneg Beatrice
> Latin, = bringer of joy; equivalent of English Beatrice

BETSAN ♀
Ffurf anwes ar Elisabeth
Affectionate form of Elisabeth

BETSI ♀

BETHAN ♀
Bechan, Elisbabeth, Elsbeth
Ffurf anwes ar Elisabeth
A affectionate form of Elisabeth

BEUNO ♂
–642. Sant â sawl eglwys iddo yng Ngogledd Cymru.
Dydd Gŵyl, 21 Ebrill
–642. Saint, with many churches in North Wales. Feast
Day, 21 April

BIFAN ♂
ab Ifan
the son of Ifan. English form = Bevan

BILO ♂
Ffurf ar Wiliam
A form of Wiliam

BLEDIG ♂
Bleduc
Esgob Tyddewi, 10fed ganrif
blaidd = wolf + -ig ADJECTIVAL ENDING
A bishop of St David's, 10th century

BLEDRWS ♂
Betws Bledrws, pentref yng Ngheredigion
Betws Bledrws, a hamlet in Ceredigion

BLEDDYN ♂
Bleiddyn
Bleddyn Fardd, bardd o'r 13eg ganrif
blaidd = wolf
Bleddyn Fardd, 13th century poet

BLEGYWRYD ♂
Cymerodd ran yng nghyngor cyfraith Hywel Dda, 10fed
ganrif
Enw barddol Joseph Tudor Hughes, telynor 1827–41
He took part in Hywel Dda's law council, 10th century
Bardic name of Joseph Tudor Hughes, harpist 1827–41

BLEIDDAN, BLEIDDYN ♂
# Bleiddyn, Bleiddian
blaidd = wolf

BLODEUEDD ♀
Blodeuwedd

BLODEUWEDD ♀
blodau + gwedd
Crewyd hi gan Gwydion a Math yn wraig i Lleu Llaw
Gyffes o flodau'r banadl, y deri a'r erwain, yn ôl chwedl
yn y *Mabinogi*, neu ferch Math ac Arianrhod
blodau = flowers + gwedd = countenance
She was created by Gwydion and Math as wife to
Lleu Llaw Gyffes from the flowers of broom, oak and
meadowsweet, according to the
Mabinogion tale, or the daughter
of Math and Arianrhod

Blodeuwedd

BLODWEN ♀
blodau + gwen
Teitl opera gan Joseph Parry, 19fed ganrif
blodau = flowers + gwen = white or blessed
Title of opera by Joseph Parry, 19th century

BLODYN ♀
blodyn = flower

BOBI ♂
Ffurf anwes ar Robert
Affectionate form of Robert

BODFAN ♂
Sant Abergwyngregyn yng Ngwynedd
The saint of Abergwyngregyn in Gwynedd

BONNER ♂
> ab Ynyr

BOREUGWYN ♂
bore = morning + gwyn = fair

BOWEN ♂
> ab Owen = the son of Owen

BRADACH ♂
Nant yng Ngwent, Llanbradach ger Caerffili
A stream in Gwent, Llanbradach near Caerphilly

BRADWEN ♂
Bradwen fab Moren, un o ddilynwyr Arthur yn chwedl
Culhwch ac Olwen
Bradwen fab Moren, one of Arthur's followers in the tale
Culhwch ac Olwen

BRANGWYN ♂
brân = crow, or bryn = hill + gwyn = white
Syr Frank Brangwyn, artist, 20fed ganrif
Sir Frank Brangwyn, artist, 20th century

BRAIN ♂ BRAIN ♀
Braint

BRAINT ♂ BRAINT ♀
= yr un ddyrchafol
> Brigantia, duwies Geltaidd
= honour, privelege; brenin = king
> Brigantia, = the exalted one, a Celtic goddess

BRÂN ♂
Bendigeidfran

Mab Llŷr yn y *Mabinogi*, mab Dyfnwal Beli a brawd Beli
yn ôl traddodiad; brenin Prydain; duw Celtaidd
= crow
Son of Llŷr in the *Mabinogion*, son of Dyfnwal Beli and
brother of Beli according to tradition; king of Britain; a
Celtic god

BRANWEN ♀
Bronwen
Chwaer Bendigeidfran yn y *Mabinogi*; priododd â
Matholwch, brenin Iwerddon
? brân = crow, or = metal bar, or bron = breast + gwen =
white, blessed
Sister of Bendigeidfran in the
Mabinogion; married Matholwch
king of Ireland

BRENDA ♀
> Brendan, saint o Iwerddon,
neu Brand, Norwyeg
> Brendan, Irish saint, or
Brand, Norse

Branwen

BRENGAIN ♀
Llawforwyn Esyllt yn y chwedl
ganoloesol *Trystan ac Esyllt*
Maid of Esyllt in the Medieval tale, *Trystan ac Esyllt*
(Tristan and Isolde)

BRENNIG ♂
? > ffurf anwes ar Brân
Nant a llyn yn Nyfed, nant yng Nghlwyd
? > diminutive of Brân
Stream and lake in Dyfed, stream in Clwyd

BRETHONIG ♀
# Brythoneg
Brython = Briton + -ig ADJECTIVAL ENDING

BREUAN ♂
Brian

BRIAFAEL ♂
Briog, Tyfriog
Sant cynnar
An early saint

BRIALL, BRIALLEN ♀
= primrose

BRIAN ♂
> Brythoneg bre = bryn + an- ANWES
Enw o'r 9fed ganrif yn Llydaw
> Brythonic bre = hill + an- DIMINUTIVE
9th century name in Brittany

BRIANNE ♀
Llyn Brianne, cronfa ddŵr yn Sir Gaerfyrddin.
Camsillafiad o Bryniau
Llyn Brianne is a reservoir in Carmarthenshire. Misspelling of Bryniau = hills

BRID ♀
Ffraid
Santes Wyddelig Brigid
Saint-y-Brid, Morgannwg
Irish Saint Brigid
Saint-y-Brid = St Bride's Major, Glamorgan

BRIEG ♂
Ffurf Lydaweg ar Briog; Ffrangeg Brieuc
Breton form of Briog; French Brieuc

BRILLWEN ♀
# Ebrillwen
Ebrill = April + gwen = white, blessed

BRINLI ♂
Brinley

BRIOG ♂
Tyfriog

Ffurf ar Briafael, Sant o Geredigion, 6ed ganrif. Dydd Gŵyl, 1 Mai
Llandyfriog, Ceredigion
Form of Briafael, Saint from Ceredigion, 6th century. Feast Day, 1 May
Llandyfriog, Ceredigion

# BRIWNANT ♂
briw = cut + nant = stream

BROCHAN ♂
Brychan
Nant ger Llangurig, Powys
Stream near Llangurig, Powys

BROCHFAEL ♂
Brochwel
Brenin y sonnir amdano gan y bardd Taliesin
Brochfael Ysgythrog (Ysgithrog), fl. 556, tywysog ym Mhowys, mab i Cyngen a thad Cynan Garwyn a Thysilio
King mentioned by the poet Taliesin
Brochfael Ysgythrog (Ysgithrog), fl. 556, prince of Powys, son of Cyngen and father of Cynan Garwyn and Tysilio

BROCHWEL ♂
Brochfael
Brochwel ap Cunedda Wledig

# BRON ♀
bron = breast

BRONGWYN ♂
> Bronwen

# BRONMAI ♀
bron = breast or hill + Mai = May

# BRONWEN ♀
# Branwen
bron = breast + gwen = white

BRWYN ♂
Brwyno, Brwynog
Brwyn ap Llywarch Hen
O chwedl gynnar
From an early tale

BRWYNO ♂
Nentydd yng Ngheredigion wedi'u henwi ar ôl person
Cwm Brwyno, Ceredigion

Brwyno Hir, sonnir amdano yn *Englynion y Beddau* o'r
9fed a'r 10fed ganrif
brwyn = reeds or sorrowful
Streams in Ceredigion named after a person
Cwm Brwyno, Ceredigion
Brwyno Hir, named in *Stanzas of the Graves*, 9th and
10th century

BRWYNOG ♂
Brwyn, Brwyno

BRYAN ♂
Brian, Brychan

BRYCHAN ♂
Brychan Brycheiniog, mab Anlach a Marchell ferch
Tewdrig, tywysog o'r 5ed ganrif a roes ei enw i
Frycheiniog. Yn ôl traddodiad bu ganddo 10 mab a 24
merch, y rhan fwyaf yn saint. Dydd Gŵyl, 6 Ebrill
= freckled
Brychan Brycheiniog, son of Anlach and Marchell
ferch Tewdrig, 5th century prince who gave his name to
Brycheiniog, Brecon. According to tradition he had 10
sons and 24 daughters, most of them becoming saints.
Feast Day, 6 April

BRYFDIR ♂
Enw barddol Humphrey Jones, 1807–1947
Bardic name of Humphrey Jones,
1807–1947

BRYN ♂
= a hill

BRYNA ♀
Bryn

BRYNACH ♂
Sant o'r 5ed/6ed ganrif,
a ddaeth i Ogledd Penfro o
Iwerddon. Dydd Gŵyl,
7 Ebrill
Saint of 5th/6th century who came
to North Pembroke from Ireland. Feast
Day, 7 April

Bryn Terfel

BRYNCIR ♂
Pentref yng Ngwynedd
A village in Gwynedd

BRYNGWYN ♂
bryn = hill + white = white

BRYNIOG ♂
= hilly

BRYNLLYN, BRYNLYN ♂
bryn = hill + llyn = lake

BRYNMAWR ♂
Brynmor

BRYNMOR ♂
bryn = hill + mawr = big or môr = sea

BRYTHON ♂
= Briton (the old Welsh)

BRYTHONEG ♀
Brython

BRYTHONIG ♀
Brython = Briton + -ig ADJECTIVAL ENDING

BRYTHONWEN ♀
Brython = Briton + gwen = white, blessed

BUN ♀
Bun gwraig Fflamddwyn
= maiden
Bun, wife of Fflamddwyn

BUDDUG ♀
Brenhines yr Iceni, llwyth a ymladdodd
yn erbyn y Rhufeiniaid yn y ganrif
gyntaf OC. Cymerodd wenwyn
rhag syrthio i ddwylo'r
Rhufeiniaid
buddugoliaeth = victory
The queen of the Iceni, a
British tribe who fought the
Romans in the first century
AD. She took poison rather
than fall into the hands of the
Romans
Other forms: Boadicea, Boudicca
and Victoria

Buddug

BURWYN ♂
pur = pure + gwyn = white, blessed

BYRNACH ♂
Brynach

C

CADAN ♂
Nant yn Nyfed
cad = battle
Stream in Dyfed

CADEL ♂
Cadell

CADELL ♂
Cadell ab Urien Rheged
Cadell ap Rhodri Mawr, –907. Rheolwr Ceredigion ac
Ystrad Tywi, tad Hywel Dda
Cadell ap Gruffudd, –1175. Arweinydd yn erbyn y
Normaniaid yn ne Cymru
cad = battle
Cadell ap Rhodri Mawr, –907. Ruler of Ceredigion and
Ystrad Tywi, father of Hywel Dda (the Good)
Cadell ap Gruffudd, –1175. Leader against the Normans
in south Wales

CADEN ♂ CADEN ♀
cad = brwydr
cad = battle

CADEYRN ♂
cad = battle + teyrn = ruler

CADFAEL ♂
Cadog, Cathmael
Brenin Gwynedd rhwng Cadwallon a Chadwaladr
Sant cynnar
cad = battle + mael = prince
King of Gwynedd between Cadwallon and Cadwaladr
An early saint

CADFAN ♂
= doeth mewn brwydr
Sant o'r 6ed ganrif a sefydlodd gymdeithas ar Ynys Enlli
Tywysog, fl. 620. Rheolwr Gwynedd, –625
Llangadfan, Powys
= wise in battle
A 6th century saint who founded a monastery on
Bardsey Island
A prince, fl. 620, Ruler of Gwynedd, –625
Llangadfan, Powys

CADI ♀
Catrin, Cati
Ffurf anwes ar Catrin
Affectionate form of Catrin

CADMAEL ♂
# Cadfael
cad = battle + mael = prince

CADMAWR, CADMAR ♂
cad = battle + mawr = great

CADNANT ♂
Enw sawl afon yng ngogledd Cymru
cad = battle + nant = stream
The name of a number of rivers in north Wales

CADO ♂
Cadog, Cadfael, Catwg

CADOG ♂
Cadfael
Sant, *fl.* 450, Cadog Ddoeth ap Gwynllyw, tywysog o dde Gwent, a Gwladys, merch Brychan. Sefydlodd fynachlog Llancarfan, ac eglwysi yn ne-ddwyrain Cymru, Cernyw a Llydaw
Llangadog, Sir Gaerfyrddin

cad = battle
Saint, *fl.* 450, Cadog Ddoeth ap Gwynllyw, prince of south Gwent, and Gwladys, daughter of Brychan. Established a monastery at Llancarfan, and churches in south east Wales, Cornwall and Brittany
Llangadog, Carmarthenshire

CADOR ♂
Iarll Cernyw yn chwedlau Arthur
The earl of Cornwall in the Arthurian legends

CADRAWD ♂
Cadrod
Enw barddol Thomas Evans o Langynwyd, hynafiaethydd a gof, 1846–1918
cad = battle + rhawd = host or course
Bardic name of Thomas Evans of Llangynwyd, antiquarian and smith, 1846–1918

CADROD ♂
Cadrawd
Cadrod ab Ieuaf

CADWAL ♂
Cadwaladr
Cadwal o Ros, bu farw ym Mrwydr Caer, 617
Cadwal Cydweli ap Glywys

cad = battle + gwal = leader
Cadwal o Ros, died in the Battle of Chester, 617

CADWALADR ♂

> Hen Gymraeg Catgualart
-664, brenin Gwynedd, mab Cadwallon ap Cadfan
Cadwaladr ap Gruffudd, -1172, Tywysog o Geredigion
> Old Welsh Catgualart
cad = battle + gwalualart = leader
-664, king of Gwynedd, son of Cadwallon ap Cadfan
Cadwaladr ap Gruffudd, -1172, Prince of Ceredigion

CADWALLON ♂

> Hen Gymraeg Catgollaun
-633, brenin Gwynedd, y mwyaf o'r arweinwyr
gwleidyddol ar ôl Maelgwn Gwynedd. Gorchfygodd
Edwin o Northumbria
Tad Cadfael a Chadwaladr
Cadwallon ab Owain Gwynedd
> Old Welsh Catgollaun
cad = batttle + gwallon = ruler, scatterer
King of Gwynedd, the greatest political leader since
Maelgwn Gwynedd, -633. Defeated Edwin of
Northumbria. Father of Cadfael and Cadwaladr

CADWGAN, CADOGAN ♂

Cadwgon

Cadwgan ab Owain, -948, pennaeth yn Ne Cymru
Esgob Bangor yn ystod teyrnasiad Llywelyn Fawr,
-1241
Tywysog, -1111
Moel Cadwgan, mynydd yng Nghwm Rhondda
Cadwgan ab Owain, -948, ruler in south Wales
Bishop of Bangor during the reign of Llywelyn Fawr
(the Great), -1241
Prince, -1111
Moel Cadwgan, mountain in the Rhondda Valley

CADWGON ♂

Cadwgan
Cadwgon ap Llywarch, un o ddisgynyddion Rhodri
Mawr
Cadwgon ap Llywarch, one of the descendants of
Rhodri Mawr

CADWY ♂

Mab Geraint mewn chwedl Arthuraidd
Son of Arthur in an Arthurian legend

CAEO ♂

Pentref yn Sir Gaerfyrddin
Village in Carmarthenshire

CAERENIG ♂
Parch. John Caerenig Evans, gweinidog yn y Wladfa
Rev. John Caerenig Evans, minister in Patagonia

CAERON ♂
Nant ger Pen-y-groes, Gwynedd
A stream near Pen-y-groes, Gwynedd

CAERWYN ♂
caer = fort + gwyn = white

CAFFO ♂
Disgybl i Gybi, 6ed canrif
A disciple of Cybi, 6th century

CAI ♂
Caw
> Lladin, Caius
Gyda Bedwyr, prif filwr llys Arthur
> Latin, Caius
With Bedwyr, main soldier of Arthur's court

CAIAN ♂
Mab Brychan
A son of Brychan

CAIN ♀ CAIN ♂
Ceinwen
Santes 5ed–6ed ganrif, un o ferched Brychan Brycheiniog
Cain ap Llywarch Hen
Llangain, Sir Gaerfyrddin
Saint of 5th– 6th century, one of the daughters of Brychan
Llangain, Carmarthenshire
= fair, beautiful

CAINT ♂
= Kent

CAINWEN ♀
Ceinwen

CAIO ♂
Caeo

CALAN ♀
= first day

CALEB ♂
> Hebraeg = dewr, beiddgar
Caleb Morris, 1800–65, gweinidog o Sir Benfro
> Hebrew = brave, impetuous
Caleb Morris, 1800–65, minister from Pembrokeshire

CALEDFRYN ♂
Enw barddol William Williams, 1801–69 o Glwyd
caled = hard + bryn = a hill
The bardic name of William Williams, 1801–69 of
Clwyd

CALLWEN ♀
Merch Brychan. Cysylltiedig ag eglwys Cellan,
Ceredigion
Daughter of Brychan. Associated with the church at
Cellan, Ceredigion

CAMARCH ♂
Llangamarch, Powys

CAMBER ♂
Un o dri mab Brutus, a roes ei enw i Gymru, yn ôl
Sieffre o Fynwy
One of the three sons of Brutus who gave his name to
Wales, according to Geoffrey of Monmouth

CAMWY ♂
Dyffryn ym Mhatagonia
Valley in Patagonia

CANNA ♀
Llan-gan, Pontcanna, Treganna
Gwraig Sadwrn a mam Crallo
Wife of Sadwrn and mother of Crallo

CARA ♀
o 'cariad'
from 'cariad'= love

CARADOG ♂
Mab Brân
Arweinydd y Brythoniaid yn erbyn y Rhufeiniaid, y
ganrif gyntaf OC. Mab Cynfelyn. Rhyddhawyd ef gan y
Rhufeiniaid oherwydd ei ddewrder. Cyfateb i Caratacus
câr = love
Son of Brân
Leader of the Britons against the Romans, first century
AD. Son of Cynfelyn. Freed by the Romans for his
bravery. Equivalent of Caratacus

CARANNOG ♂
Crannog
Mab Ceredig, ewythr i Dewi Sant
Sant o'r 6ed ganrif; cysylltir â Llangrannog. Tad-cu
Dewi. Dydd Gŵyl, 16 Mai

Son of Ceredig, uncle of St David
6th century saint associated with Llangrannog,
Ceredigion. Grandfather of Dewi. Feast Day, 16 May

CARAWN ♂
Un o hen frenhinoedd Prydain
One of the old kings of Britain

CAREDIG ♂
Ceredig
Ceredigion
caredig = kind

CAREN ♀
Karen

CARES ♀
câr = love

CARI ♀
Cariad, Ceridwen

CARIAD ♀
= love

CARINWEN ♀
> câr = love + gwen = white, blessed

CARLO ♂
> Hen Almaeneg carl = dyn. Cyfateb i Charles
> Old German carl = man. Equivalent of Charles

CARMEL ♂
> Hebraeg = yr ardd
Pentref yn Sir Gaerfyrddin, Sir Gaernarfon a Fflint
> Hebrew = the garden
Village in Carmarthenshire, Carnarfonshire and
Flintshire

CARN ♂
carn = stone, rock

CARON ♂
Sant a fagwyd yn Iwerddon. Eglwysi yn Nhregaron a
Llangaron, Henffordd
Saint brought up in Ireland. Churches in Tregaron and
Llangaron, Hereford

CARROG ♂ CARROG ♀
Enw ar sawl afon
= rhedegog
A name of many rivers
= swift

CARWEN, CARWENNA ♀
câr = love + gwen = white, blessed

CARWYN ♂
câr = love + gwen = white
or blessed

CARYL ♀
caru = to love

CARYS ♀
caru = to love

CASIA ♀
Bryniau Casia, India, lle bu
cenhadon o Gymru
Hills in India, where Welsh
missionaries worked

Carwyn James

CASWALLON ♂
Pennaeth a ymladdodd yn erbyn Cesar ar ei ail ymweliad
ag Ynys Prydain. Mab Beli. Cyfateb i Cassivellaunus
Chief who fought against Caesar on his second visit
to the Isle of Britain. Son of Beli. Equivalent of
Cassivellaunus

CATI ♀
\# Catrin, Cadi
Ffurf anwes ar Catrin
Affectionate form of Catrin

CATRIN ♀
> Groeg, yna Lladin = pur
Catrin o'r Berain, 1534/5–91, 'mam Cymru' o Fôn. Bu'n
briod bedair gwaith
Catrin ferch Gruffudd ap Hywel,
fl. 1555, bardd
> Greek, then Latin = pure
Catrin o'r Berain, 1534/5–
91, 'mother of Wales' from
Anglesey. She married four
times
Catrin ferch Gruffudd ap
Hywel, *fl.* 1555, poet

CATWG ♂
\# Cadog
Llangatwg, Morgannwg
Llangatwg, Glamorgan

Catrin Finch

CATWS ♀
Catrin, Cati, Cadi
Ffurf anwes ar Catrin
Affectionate form of Catrin

CATHAN, CATHEN ♂
Cathen ap Cawrdaf, sant cynnar
Cathen ap Cawrdaf, early saint

CATHMAEL ♂
Cadfael

CAW ♂
Sonnir amdano yn *Englynion y Beddau*, Llyfr Du
Caerfyrddin
Mentioned in the *Stanzas of the Graves*, Black Book of
Carmarthen

CEDEWAIN ♂
Betws Cedewain, Powys

CEDI ♂
Nant ym Mhowys
A stream in Powys

CEDIFOR ♂
Cadifor
–1225, Abad Ystrad-fflur
Peryf ap Cedifor, bardd o'r 12fed ganrif
Abbott of Strata Florida, –1225
Peryf ap Cedifor, poet of the 12th century

CEDRYCH ♂
Ceidrych

CEDRYN ♂

CEDWYN ♂
Cedwyn ap Gwgon, sant cynnar
Llangedwyn, Clwyd
Cedwyn ap Gwgon, an early saint

CEFNI ♂
Enw barddol Hugh Parry, 1826–95
Llangefni, Môn
cefn = back, ridge
Bardic name of Hugh Parry, 1826–95
Llangefni, Anglesey

CEFYN, CEFIN ♂
> Gwyddeleg = geni da
Enw sant o Iwerddon
> Irish = comely birth
Irish Saint's name

CEI ♂
Cai

CEIAN ♂
Arwr chwedlonol a grewyd gan Iolo Morganwg
A fictitious hero created by Iolo Morganwg

CEIDIO ♂ CEIDIO ♀
Ceidiog, Ceitho
Sant cynnar
Un o filwyr y Gododdin
afon yng Ngwynedd
Early saint
One of the Gododdin warriors
River name in Gwynedd

CEIDIOG ♂ CEIDIOG ♀
Ceidio

CEIDRYCH ♂
Gall fod yn ffurf ar 'Caradog'
Ceidrych ap Deigr
Keidrych Rhys, awdur, 1915–87
Afon yn Sir Gaerfyrddin
Could be a form of 'Caradog'
Keidrych Rhys, author, 1915–87
River in Carmarthenshire

CEINDEG ♀
Merch Llywarch Hen
cain = beautiful + teg = fair
Daughter of Llywarch Hen

CEINDRYCH ♀
Ceindrech
Merch Brychan Brycheiniog, 5ed ganrif
cain = beautiful + drych = appearance
Daughter of Brychan Brycheiniog, 5th century

CEINFRON ♀
Merch Llywarch Hen
cain = fair + bron = breast
Daughter of Llywarch Hen

CEINFRYD ♀
Gwraig Gruffudd ap Llywelyn
cain = fair + bryd = countenance
Wife of Gruffudd ap Llywelyn

CEINFRYN ♂
cain = beautiful + bryn = a hill

CEINLYS ♀
cain = beautiful + ? melys = fair or llys = plant

CEINOR ♀
Geinor, Ceinwyr

CEINWEN ♀
Santes, merch i Brychan, 5ed ganrif
Llangeinwen, Môn
cain = beautiful + gwen = white, blessed
Saint, daughter of Brychan, 5th century

CEINWYR ♀
Llangeinwyr, Morgannwg
cain + gwyryf
Llangeinor, Glamorgan
cain + gwyryf = virgin

CEIRIAD ♀
caru = to love

CEIRIDWEN ♀
Ceridwen

CEIRIOG ♂
Afon a dyffryn yng
Nghlwyd, Glyn Ceiriog
Enw barddol John Hughes,
1832-87, y bardd
A river and valley in Clwyd,
Glyn Ceiriog
Bardic name of John Ceiriog Hughes, 1832–87

Ceiriog

CEIRION ♀
Llanddewi Rhos Ceirion, Swydd Henffordd
Llanddewi Rhos Ceirion is Much Dewchurch,
Herefordshire

CEIRIOS ♀
= cherries

CEIRO ♂
Nentydd yng Ngheredigion
Streams in Ceredigion

CEITHO ♂
Ceidio, Ceidiog
Sant cynnar cysylltiedig â Llangeitho, Ceredigion a
Phumsaint, Sir Gaerfyrddin
An early saint associated with Llangeitho, Ceredigion
and Pumsaint, Carmarthenshire

CELT ♂

CELER ♂
Llangeler, Sir Gaerfyrddin
Llangeler, Carmarthenshire

CELERT ♂
Sant cynnar
Beddgelert, Gwynedd
An early saint

CELYDDON ♂
> Caledonia

CELYN ♂ **CELYN** ♀
Celyn ap Caw
Capel Celyn, pentref a foddwyd ym Meirionnydd
= holly
Capel Celyn, a village drowned in Merionethshire

CELYNNEN ♀
# Celynin, Celynog
celynnen = holly tree

CELYNNIN ♀
Celynnen
Un o'r pump sant cysylltiedig â Llanpumsaint a
Phumsaint, Ceredigion
One of the five saints associated with Llanpumsaint and
Pumsaint, Ceredigion

CELYNNYDD ♂
celyn = holly

CELLAN ♂
Callwen
Pentref yng Ngheredigion
Village in Ceredigion

CEMAIS ♂
Enw lle, Môn
Place name, Anglesey

CEMLYN ♂
Pentref, Môn
cam = bent + llyn = lake or glyn = vale; village, Anglesey

CENECH, CENNECH ♂
Cennydd
Llangennech, Sir Gaerfyddin
Llangennech, Carmarthenshire

CENEU ♂
Cenau
Ceneu ap Coel, sant cynnar. Un o feibion Llywarch Hen yn y 6ed ganrif
Ceneu ap Coel, early saint. One of Llywarch Hen's sons in 6th century

CENNARD ♂
? cen = head + arth = hill

CENNEN ♂
Afon yn Sir Gaerfyrddin
River in Carmarthenshire

CENNIN ♀
= leeks

CENNYDD, CENYDD ♂
Cynnydd
Sant o'r 6ed ganrif, mab Gildas. Cysylltir â Senghennydd (hen enw ar Abertawe) a Llangennydd
Saint of 6th century, son of Gildas. Associated with Senghennydd (old name for Swansea) and Llangennydd

CENWYN ♂
cen = head + gwyn = white, blessed

CERAINT ♂
Geraint

CEREDIG ♂
Caredig
Mab Cunedda. Rheolwyd Ceredigion am 400 mlynedd gan ei ddisgynyddion
Son of Cunedda. His descendants ruled Ceredigion for 400 years

CERI ♂ CERI ♀
Enw afon yn Nyfed. Porth Ceri ger y Barri
Ceri Richards, 1903–1977, arlunydd
câr = love
A river in Dyfed. Porth Ceri, near Barry
Ceri Richards, 1903–1977, artist

CERIAN ♀
? Ceri + Ann
Ffurf anwes ar Ceri
Affectionate form of Ceri

CERIDWEN ♀
Gwraig Tegid Foel, mam Taliesin, duwies yr awen
? cerdd = music + gwen = white, blessed
Wife of Tegid Foel, mother of Taliesin, goddess of the muse

CERIL ♀
Cerilys

CERILAN ♀

CERIS ♀
Cerys
Nant ym Mhowys
A stream in Powys

CERITH ♂
Ceri

CERNYW ♂
Llangernyw, pentref yng Nghlwyd
= Cornwall
Llangernyw, village in Clwyd
The Welsh name for Cornwall

CERWYD ♂
Sonnir amdano yn *Englynion y Beddau*, Llyfr Du Caerfyrddin
Cerwyd ap Pabo, o linach yr Hen Ogledd
Cerwyd ap Pabo, from the lineage of the Old North
Mentioned in the *Stanzas of the Graves*, Black Book of Carmarthen

CERWYN ♂
? caru = to love + gwyn = white, blessed

CERYS ♀
caru = to love

CÊT ♀
Cymreigiad o 'Kate'
Welsh spelling of 'Kate'

CETHIN ♂
Gethin
= dark, russet

CEULAN ♂
Enw afon a chwm yng Ngheredigion
Name of a river and valley in Ceredigion

Cerys Matthews

CEULANYDD ♂
Enw barddol John Ceulanydd Williams, 1847–1899
Bardic name of John Ceulanydd Williams, 1847–1899

CEWYDD ♂
Cewydd ap Caw, sant. Dydd Gŵyl, 1 Gorffennaf
Cewydd ap Caw, saint. Feast Day, 1 July

CIAN ♂
Llangïan, Sir Gaernarfon
Sant cynnar
Llangïan, Carnarfonshire
Early saint

CILYDD ♂
Tad Culhwch yn chwedl *Culhwch ac Olwen*
Father of Culhwch, in the tale *Culhwch and Olwen*

CLARIS ♀
> Lladin 'clarus' = disglair. Cymharer â Claire, Clarice, Clara
> Ladin 'clarus' = bright. Similar to Claire, Clarice, Clara

CLED ♂
Ffurf anwes ar Cledwyn
Affectionate form of Cledwyn

CLEDAN ♂
Nentydd ym Mhowys a Cheredigion
Streams in Powys and Ceredigion

CLEDER ♂
Mab Brychan
Son of Brychan

CLEDLYN ♂
Enw nant yng Ngheredigion
? caled = hard + glyn = vale
Name of a stream in Ceredigion

CLEDNO ♂
Hen frenin
King of old

CLEDWYN ♂
Afon yn Sir Ddinbych
Un o etifeddion Brychan Brycheiniog
Cledwyn Hughes, Ysg. Gwladol Cymru, 1966–68
caled = hard or cledd = sword + gwyn = white, blessed
A river in Denbighshire
One of the heirs of Brychan Brycheiniog
Cledwyn Hughes, Sec. of State for Wales, 1966–68

CLEDDAU ♂ CLEDDAU ♀
Afon ym Mhenfro
River in Pembrokeshire

CLODRI ♂
clod = praise + rhi = lord, king

CLODWYN ♂
clod = praise + gwyn = white, blessed

CLWYD ♂
Dyffryn Clwyd
Vale of Clwyd

CLYDACH ♂
Enw sawl afon ym Morgannwg
clau = swift; name of several rivers in Glamorgan

CLYDAI ♂
Cysegrir eglwys i Clydai ger Castellnewydd Emlyn
A church is dedicated to Clydai near Newcastle Emlyn

CLYDNO. ♂
clod + gno = enwog, hysbys
Tywysog o ogledd Prydain a ddaeth yn fynach i Gymru
tua 550

clod = praise, fame + gno = renowned, well–known
Prince from northern Britain who came as a monk to
Wales around 550

CLYDOG ♂
Clydog ap Clydwyn ap Brychan, Sant a merthyr, *fl.* 500,
rheolwr Ewias, rhan o Gymru a gymerwyd gan Loegr
yn 1536 (swydd Henffordd). Dydd Gŵyl,
3 Tachwedd
Clydog ap Cadell ap Rhodri Mawr, –917
Clydog ap Clydwyn ap Brychan, saint and martyr, *fl.*
500, ruler of Ewias, part of Wales taken by England in
1536 (Herefordshire). Feast Day, 3 November
Clydog ap Cadell ap Rhodri Fawr, –917

CLYDRI ♂
? clod = praise + rhi = lord
Tywysog Erging, swydd Henffordd, 600
Prince of Erging in Herefordshire, 600

CLYDWYN ♂
Clydwyn ap Brychan, 5ed ganrif, tad Clydog
Clydwyn ap Brychan, 5th century, father of Clydog

CLYNNOG, CLYNOG ♂

Pentref yng Ngwynedd
Morys Clynnog, 1525-80, awdur Catholig
Clynnog ap Dyfnwal, tad-cu Rhydderch Hael, *fl.* 530
celyn = holly
Village in Gwynedd
Morys Clynnog, 1525-80, a Catholic author
Clynnog ap Dyfnwal, grandfather of Rhydderch Hael,
fl. 530

COEL ♂

Coel Hen, brenin, Ystrad Clud, cyndad brenhinoedd
gogledd Prydain
Coel Hen, king of Strathclyde, ancestor of north British
dynasties

COETMOR ♂

coed = trees + mawr = great

COLWYN ♂

Afon yn Nghlwyd
Bae Colwyn
A river in Clwyd
Colwyn Bay

COLLEN ♂

Sant, *fl.* 600, sefydlodd eglwys Llangollen
collen = hazel
Saint, *fl.* 600, established church of Llangollen

COLLFRYN ♂

collen = hazel + bryn = hill

COLLWEN ♀

Santes gynnar
An early saint

COLLWYN ♂

Gollwyn
Collwyn ap Tangno, sefydlydd un o lwythau Gwynedd,
1020
collen = hazel + gwyn = white, blessed, or llwyn = bush
Collwyn ap Tangno, established one of the royal families
of Gwynedd, 1020

CONAN ♂

Cynan
> Celteg 'kuno' = uchel
> Celtic 'kuno' = high

CONWY ♂
Tref, afon a dyffryn
River, town and valley

CORRIS ♂
Pentref, Meirionnydd
A village in Merionethshire

COTHI ♂ COTHI ♀
Afon, Sir Gaerfyrddin
River in Carmarthenshire

COWLWYD ♂
Cowlyd
Tad Elfodd
Father of Elfodd

COWLYD ♂
Cwm yng Ngwynedd
Valley in Gwynedd

CRADOG ♂
Caradog

CRALLO ♂
Sant cynnar
Llangrallo, ger Pen–y–bont ar Ogwr
Early saint
Llangrallo, near Bridgend

CRANNOG ♂
Carannog

CRANOGWEN ♀
Enw barddol Sarah Jane Rees, 1839–1916, pregethwraig,
darlithydd, cerddor, bardd
Bardic name of Sarah Jane Rees, 1839–1916, preacher,
lecturer, musician, poet

CREIRWY ♀
Merch Ceridwen, a'r harddaf yn y byd
Daughter of Ceridwen, and the fairest girl in the world

CREUDDYLAD, CREIDDYLAD ♀
Creuddylad ferch Lludd, y ferch harddaf ym Mhrydain,
cipir hi gan Gwyn ap Nudd oddi wrth Gwythyr
Creuddylad ferch Lludd, the most majestic maiden in
Britain, is abducted by Gwyn ap Nudd from Gwythyr

CREUNANT ♂
Pentref yng nghwm Dulais, Morgannwg
Village in Dulais Valley, Glamorgan

CRINWEN ♀

CRISIANT ♀

Cyfnither Owain Gwynedd a mam Dafydd a Rhodri, *fl.*
1150
= crystal, bright
Cousin of Owain Gwynedd and mother of Dafydd and
Rhodri, *fl.* 1150

CRISTYN ♀

> Lladin, = Cristion. Tebyg i Christine
Cristyn ferch Gronw, gwraig Owain Gwynedd
> Latin, = Christian. Similar to Christine
Cristyn ferch Gronw, wife of Owain Gwynedd

CRWYS ♂

Crwys Williams, 1875–1968. Archdderwydd Cymru,
bardd a phregethwr
Pentref yng Ngŵyr
crwys = cross
Crwys Williams, 1875–1968, the bardic name of
William Williams, Archdruid of Wales, poet and
preacher
Village in Gower

CRYSTYN ♀

Cristyn

CULHWCH ♂

Arwr y chwedl o'r lleg ganrif, *Culhwch ac Olwen,* lle caiff
Culhwch gymorth Arthur ac eraill i ennill llaw Olwen.
Hero of the 11th century tale, *Culhwch and Olwen,* where
Culhwch wins the support of Arthur and others to marry
Olwen

CUNEDDA ♂

> Celteg Counodagos = arglwydd da
Cunedda Wledig, *fl.* 395/450?, arweinydd y Brythoniaid
a ddaeth i Gymru o'r Alban gydag wyth mab.
Teyrnasodd ei deulu nes lladd y Tywysog Dafydd yn
1283. Tad Tybion, Osfael, Rhufon, Dunod, Ceredig,
Afloeg, Einion, Dogfael, Edern
> Couno + dagos = good lord
Cunedda Wledig, *fl.* 395/450?, leader of the Britons who
came to Wales from Scotland with eight sons. His family
ruled in Wales until the death of Dafydd in 1283. Father
of Tybion, Osfael, Rhufon, Duno, Ceredig, Afloeg,
Einion, Dogfael, Edern

CURIG ♂

Sant, *fl.* 550. Dydd Gŵyl, 16 Mehefin
Llangurig, Powys
Capel Curig, Gwynedd
Saint, *fl.* 550. Feast Day, 16 June

CWELLYN ♂
Llyn yng Ngwynedd
Lake in Gwynedd

CWYFAN, CWYFEN ♂
Sant cynnar, cysylltiedig ag Aberffraw, Môn
An early saint, associated with Aberffraw in Anglesey

CYBI ♂
Sant o'r 6ed ganrif, sefydlydd eglwys yng Nghaergybi; cysylltir ef â sawl eglwys arall. Dydd Gŵyl, 5 Tachwedd, weithiau, 6,7 neu 8
Saint of 6th century, established church at Caergybi (Holyhead); he is associated with many other churches. Feast Day, 5 November, sometimes 6, 7 or 8

CYDIFOR ♂
Cadifor, Cedifor
Cydifor ap Collwyn

CYDWEL ♂
Cydweli, Caerfyrddin
Kidwelly, Carmarthenshire

CYFEILIOG ♂
–927, Esgob Llandaf
Ardal o Faldwyn
–927, Bishop of Llandaff
Area in Montgomeryshire

CYFFIN ♂
Gyffin
Roger Cyffin, *fl.* 1587–1609, bardd
Kyffin Williams, 1918–2006, artist
cyd = along + ffin = boundary, borderland
Roger Cyffin, *fl.* 1587–1609, poet
Kyffin Williams, 1918–2006, painter

CYNGAR ♂
Sant o'r 6ed ganrif ym Morgannwg. Dydd Gŵyl, 7 a 27 Tachwedd
6th century saint in Glamorgan. Feast Day, 7 and 27 November

CYNGEN ♂
-855, tywysog, mab Cadell tywysog Powys. Cododd garreg goffa i'w dad–cu Elise
-855, prince, son of Cadell prince of Powys. He erected a memorial stone to Elise, his grandfather

CYNAN ♂
? > Celteg 'kuno' = uchel
Cynon, Cynin
Cynan brawd Elen Luyddog, gwraig Macsen

Cynan ab Owain Gwynedd,
–1174, teyrnasai yng
Ngwynedd
Cynan 1900–1970,
A.E. Jones, bardd ac
archdderwydd
? > Celtic 'kuno' =
high, great
Cynan brother of
Elen Luyddog, wife of
Macsen

Cynan

Cynan ab Owain Gwynedd,
–1174, ruled in Gwynedd
Cynan 1900–1970, A.E. Jones, poet and archdruid

CYNDEYRN ♂
cyn = uchel, prif + teyrn neu arglwydd tebyg i gi
Cyfateb i Kentigern
Sant o'r 6ed ganrif.
Llangyndeyrn, Sir Gaerfyrddin
cyn = chief + teyrn = lord or hound–like lord
Equivalent of Kentigern
A 6th-century saint
Llangyndeyrn, Carmarthenshire

CYNDRIG ♂
Cynfrig

CYNDDELW ♂
Cynddelw ap Caradog
Cynddelw Brydydd Mawr, *fl.* 1155–1200, y mwyaf o
feirdd llys y ganrif
Enw barddol Robert Ellis 1810–75, gweinidog,
hynafiaethydd
Cynddelw Brydycd Mawr, *fl.* 1155–1200, the greatest
court poet of the 12th century
Bardic name of Robert Ellis 1810–75, minister,
antiquarian

CYNDDYLAN ♂
Cynddylan ap Llywarch Hen
Cynddylan ap Cyndrwyn, tywysog o Bowys yn y 7fed
ganrif, cymeriad o bwys yn Canu Heledd yn y 9fed
ganrif
Cynddylan ap Cyndrwyn, prince from Powys in 7th
century, an important character in the 9th century
Heledd poems

CYNDDYLIG ♂
Un o feibion Llywarch Hen
One of the sons of Llywarch Hen

CYNEDDA ♂
Cunedda

CYNFAB ♂
Sant cynnar
Capel Cynfab, Sir Gaerfyrddin
cyn = chief or first + mab = son
Early saint
Capel Cynfab, Carmarthenshire

CYNFAEL, CYNFAL ♂
Cymeriad y sonnir amdano yn *Englynion y Beddau*
Afon yng Ngwynedd.
cyn = chief + mael = prince
Person mentioned in *Stanzas of the Graves*, 9th–10th
century
River in Gwynedd

CYNFAEN ♂
cyn = chief + maen = stone

CYNFELYN, CYNFELIN ♂
> Cunobelinos
Tad Caradog
Sant cynnar
Milwr a fu farw yng Nghatraeth
Llangynfelyn, Ceredigion
> Cunobelinos
Father of Caradog

An early saint
A warrior who died at Catraeth (Catterick)
Llangynfelyn, Ceredigion

CYNFOR ♂
Disgybl i Teilo
cyn = chief + mor or mawr = great
Pupil of Teilo

CYNFRAN ♂
Cynfran ap Brychan, 5ed ganrif
? cyn = chief + brân =crow
Cynfran ap Brychan, 5th century

CYNFRIG, CYNRIG ♂
Cynwrig, Cyndrig
Cynfrig ab Owain Gwynedd, –1139
Cynfrig ap Dafydd Goch, *fl.* 1420, bardd
cyn = chief + brig = peak
Cynfrig ab Owain Gwynedd, –1139
Cynfrig ap Dafydd Goch, *fl.* 1420, poet

CYNFYN ♂
Ysbyty Cynfyn, Ceredigion
Cynfyn ap Gwerstan, *fl.* 1050
Ysbyty Cynfyn, Ceredigion

CYNFFIG ♂

Evan Cynffig Davies, 1843–1908, athro, awdur, cerddor
Afon ger Margam
Abercynffig
Evan Cynffig Davies, 1843–1908, teacher, author, musician
A river near Margam
Aberkenfig

CYNHAEARN ♂

Cynhaearn ap Cerfael, sant o'r 5ed ganrif
cyn = chief + baearn = iron
Cynhaearn ap Cerfael, 5th century saint

CYNHAFAL ♂

Sant tua 600
cyn = chief + hafal = equal
Saint around 600

CYNIDR ♂

Llangynidr, Powys
Sant o'r 6ed ganrif, ŵyr i Brychan. Dydd Gŵyl, 8 Rhagfyr
6th century saint, grandson of Brychan. Feast Day, 8 December

CYNIN ♂

Cynin ap Brychan
Sant cysylltiedig â Llangynin, Gwynedd
Cynin Cof fab Tudwal Befr, un o wyrion Brychan y nodir ei enw yn *Culhwch ac Olwen*
Cynin ap Brychan
A saint associated with Llangynin in Gwynedd
Cynin Cof fab Tudwal Befr, grandson of Brychan mentioned in *Culhwch ac Olwen*

CYNLAIS ♂

Cynlas
Afon ym Mhowys
Ystradgynlais
River in Powys
Ystradgynlais

CYNLAS ♂

Brenin Prydain yr ymosodwyd arno gan Gildas yn y 6ed ganrif
King of Britain whom Gildas attacked in the 6th century

CYNLLAITH ♂

Enw person ac afon, Powys
Personal and river name, Powys

CYNLLO ♂
Sant, *fl.* 550. Dydd Gŵyl, 17 Gorffennaf
Llangynllo, Powys
Saint, *fl.* 550. Feast Day, 17 July
Llangynllo, Powys

CYNNWR ♂
Sant, cysylltiedig â Llangynnwr, Sir Gaerfyrddin
A saint, associated with Llangynnwr, Carmarthenshire

CYNOG ♂
Sant o'r 6ed ganrif, mab Brychan; cysylltir ef â sawl
eglwys ym Mhowys, Gwent   a
Henffordd
6th century saint,
son of Brychan; he
is associated with
many churches in
Powys, Gwent and
Herefordshire

Cynog Dafis

CYNOLWYN ♂
Abergynolwyn, Meirionnydd

CYNON ♂
> Kunonos = mawr neu gi dwyfol
Cynon fab Clydno Eiddyn, sonnir amdano yng nghanu
Aneirin
Cynon ap Ceredig, –817, Brenin yng Ngwynedd
Afon sy'n llifo i afon Taf
> Kunonos = great or divine hound
Cynon ap Ceredig, -817, King in Gwynedd
Cynon fab Clydno Eiddyn is mentioned by the poet
Aneirin
River flowing into Taff

CYNRI ♂
Un o'r milwyr a aeth i Gatraeth (gw. Aneirin)
One of the soldiers who went to Catraeth (Catterick)
(v. Aneirin)

CYNWAL ♂
Milwr a aeth i Gatraeth (gw. Aneirin)
Wiliam Cynwal, –1587/8, bardd
cyn = chief + gwal = leader
Soldier who went to Catraeth (Catterick) (v. Aneirin)
Wiliam Cynwal, –1587/8, poet

CYNWRIG ♂

\# Cynfrig
Gallai fod o'r Hen Saesneg cyne = brenhinol + ric = rheolwr
Cynwrig ab Owain Gwynedd
Cynwrig ap Rhys, *fl.* 1237, tywysog, mab yr Arglwydd Rhys
Could be from Old English cyne = royal + ric = ruler
Cynwrig ap Rhys, *fl.* 1237, prince, son of Lord Rhys

CYNWYD ♂

Cynwyd ap Ceredig, sant cynnar
Llangynwyd, Morgannwg
Cynwyd ap Ceredig, early saint
Llangynwyd, Glamorgan

CYNWYL, CYNWIL ♂

Sant cynnar, mab Dunawd
Un o'r 3 a ffoes o frwydr Camlan yn ôl *Culhwch ac Olwen*
Cynwyl Elfed, Sir Gaerfyrddin
An early saint, son of Dunawd
One of 3 who escaped from battle of Camlan, according to *Culhwch ac Olwen*
Cynwyl Elfed, Carmarthenshire

CYNWYN ♂

cyn = chief + gwyn = white

CYNYR ♂

Tad Non a thad–cu Dewi Sant, *fl.* 500
St David's grandfather, father of Non, *fl.* 500

CYNYW ♂

Sant, a gysylltir â Llangynyw, Powys
A saint, associated with Llangynyw, Powys

CYWARCH ♂

Afon ger Dinas Mawddwy, Meirionnydd
A river near Dinas Mawddwy in Merionethshire

CYWRYD ♂

Sonnir amdano yn *Englynion y Beddau*, Llyfr Du Caerfyrddin
Mentioned in the *Stanzas of the Graves*, Black Book of Carmarthen

D

DAFI ♂
Ffurf anwes ar Dafydd
An affectionate form of Dafydd

DAFIDA ♂
Ffurf fenywaidd ar Dafydd
A feminine form of Dafydd

DAFINA ♀
Ffurf fenywaidd ar Dafydd
Feminine form of Dafydd

DAFYDD ♂
Dewi, Deian, Dai
> Hebraeg = anwylyn, yna cyfaill
Dafydd ap Gruffudd, –1283, brawd Llywelyn ap
Gruffudd, tywysog olaf Cymru
Dafydd ap Gwilym, *fl.* 1340-70, bardd mwyaf Cymru,
o Geredigion
> Hebrew = darling, then friend (David)
Dafydd ap Gruffudd, –1283, brother of Llywelyn ap
Gruffudd, last prince of Wales

Dafydd ap Gwilym, *fl.* 1340-70, Wales's greatest poet,
from Ceredigion

DAI, DEI ♂
Dafydd
Ffurf ar Dafydd
A form of Dafydd (David)

DALIS ♂
Ffair Dalis, hen ffair ger Llanbedr Pont Steffan
Ffair Dalis, an old fair near Lampeter

DALONI ♀

DAN ♂
Daniel
Dan ap Seisyll
Dan Isaac Davies, 1839–87, arloeswr dysgu Cymraeg
Dan Isaac Davies, 1839–87, pioneer of teaching Welsh

DANIEL ♂
> Hebraeg 'Mae Duw wedi barnu'
Daniel fab Sulgeni, –1124, Esgob Tyddewi
Daniel Owen, 1836–1985, nofelydd
Daniel Silvan Evans, 1818–1903, geiriadurwr
> Hebrew 'God has judged'
Daniel fab Sulgeni, –1124, Bishop of St David's

Daniel Owen, 1836–
1895, novelist
Daniel Silvan
Evans, 1818–1903,
lexicographer

Daniel Owen

DARON ♀
Duwies y dderwen
Aberdaron, Sir
Gaernarfon
Goddess of the oak
Aberdaron, Carnarfonshire

DARONWY ♂

DARREN ♂
tarren = burnt land, hill

DARWEL ♂

DATHAN ♂
Tathan

DATHYL ♀
Caer Dathyl: sonnir amdani yn y *Mabinogi*
> Gwyddeleg Tuathl, yn Gymraeg Tudwal
Caer Dathyl: mentioned in the *Mabinogion*
> Irish Tuathl, in Welsh Tudwal

DEDWYDD ♂ DEDWYDD ♀
= happy, content

DEGWEL ♂
Dogfael, Dogmael

DEIAN ♂
Dai
Ffurf anwes ar Dafydd
Affectionate form of Dafydd

DEICWS ♂
Dai, Deio

DEIGR ♂
Deigr ap Llywarch Hen

DEILWEN ♀
deilen = leaf + gwen = white, blessed

DEINIOL ♂
Deiniol Wyn ap Dunawd, –584, sant, sefydlodd eglwys ym Mangor
Deiniol Wyn ap Dunawd, –584, saint, established church in Bangor

DEIO ♂
Dai, Dafydd
Deio ab Ieuan Du, *fl.* 1460–80, bardd
Deio ab Ieuan Du, *fl.* 1460–80, poet

DEION ♂
Dion

DEL ♀
= pretty

DELFRYN ♂
del = pretty + bryn = hill

DELOR ♂
Telor

DELUN ♀
del = pretty + un = one, or llun = form

DELWEN ♀
del = pretty + gwen = white

DELWYN ♂
del = pretty + gwyn = white

DELYN ♀
telyn = harp

DELYSG ♀
= math o wymon
= a kind of seaweed

DELYTH ♀
del = pretty

DEOLYN ♂
deol = to select

DEREC ♂
> Hen Almaeneg Theodoric, theuda = pobl + ric = rheolwr
> Old German Theodoric, theuda = people + ric = ruler

DERFAEL ♂
# Derfel
derw = oak or der = stubborn + mael = prince

DERFEL ♂

Sant cysylltiedig â Llandderfel, Meirionnydd
Robert Jones Derfel, 1824–1905, bardd, cenedlaetholwr
a sosialydd
derw = oak + mael = prince
Saint associated with Llandderfel, Merionethshire
Robert Jones Derfel, 1824–1905, poet, nationalist and
socialist

DERI ♂

= oaks

DERIS ♀

Deri

DERITH ♀

Deri

DERW ♂

Derwen

DERWEL ♀

Chwaer Amon, mam Machudd
Sister of Amon, mother of Machudd

DERWEN ♂

= oak

DERWENA, DERWENNA ♀

derwen = oak

DERWYDD ♂

= druid

DERWYN ♂

derw = oak + gwyn = white

DERYN ♀

aderyn = bird

DEULWYN ♂

deu = two + llwyn = grove

DEWI ♂

Dafydd
–588, sant, Dewi ap Sant ap Ceredig ap Cunedda
Wledig, sefydlydd Tyddewi, a'r abad a'r esgob cyntaf.
Nawddsant Cymru. Dydd Gŵyl, 1 Mawrth
–588, saint, Dewi ap Sant ap Ceredig ap Cunedda
Wledig, founder and first abbot and Bishop of St
David's. Patron saint of Wales. Feast Day, 1 March

Dewi

DIC ♂

Ffurf anwes ar Rhisiart, > Richard
Dic Aberdaron, 1780–1843, Richard Robert Jones,
ieithydd hynod
Dic Penderyn, 1807/8–1831, Richard Lewis, crogwyd ar
gam am ei ran yn Nherfysg Merthyr
Affectionate form of Rhisiart, > Richard
Dic Aberdaron, 1780–1843, Richard Robert Jones,
eccentric linguist
Dic Penderyn, 1807/8–1831, hanged although innocent
for his part in the Merthyr Riots

DICW ♂

Ffurf anwes ar Rhisiart Wyn
Affectionate form of Rhisiart Wyn

DIDDANWY ♀

# Dyddanwy
Diddan = contented

DILI ♀

Amrywiad o Dilys
Variant of Dilys

DILWEN ♀

dil = honeycomb or dilys = genuine +gwen = white

DILWYN ♂

dil = a honeycomb or dilys = genuine + gwyn = white

DILYS ♀

= genuine, sincere

DINAWD ♂

Dunawd
Dinawd, abad Bangor
Dinawd, abbot of Bangor

DINMAEL ♂

Enw lle, Meirionnydd
din = a fort + mael = prince
Place name, Merionethshire

DINOGAD ♂

Bachgen mewn cerdd gynnar
A boy in an early poem

DION ♂

> Groeg, Dionysios
Enw gŵr a argyhoeddwyd gan Sant Pawl yn Athen, ac
enw sawl sant
> Greek, Dionysios
Name of man converted by St Paul in Athens, and the
name of several saints

DOGFAEL ♂
Dogmael, Dogwel
Mab Cunedda, ardal Dogfeiling, Dyffryn Clwyd
Son of Cunedda, region of Dogfeiling, Vale of Clwyd

DOGMAEL ♂
Dogfael, Dogwel
Sant o'r 6ed ganrif, eglwys iddo yn Llandudoch, Sir
Benfro. Mab i Ithel ap Ceredig ap Cunedda Wledig
6th century saint, church at St Dogmael's,
Pembrokeshire. Son of Ithel ap Ceredig ap Cunedda
Wledig

DOLGAIN ♀
dôl = meadow + cain = fair

DOLI ♀
doli = doll, affectionate form of Dorothy

DÔN ♀
Duwies y duwiau mewn mytholeg Geltaidd, cysylltiedig
â'r afon Donaw
Mam Gwydion, Arianrhod a Gilfaethwy
Goddess of gods in Celtic mythology, associated with
the river Danube
Mother of Gwydion, Arianrhod and Gilfaethwy

DONA ♀ DONA ♂
Dôn
Dona ap Selyf, sant cynnar
Dona ap Selyf, early saint

DORCAS ♀
Gwraig a wnai ddillad i'r tlodion yn Llyfr yr Actau
Woman who made clothes for the poor in the Book of
Acts

DORIEN ♂

DORTI ♀
Ffurf anwes ar Dorothy
Affectionate form of Dorothy

DORWENA ♀

DRUDWEN ♀
= a starling, or drud = expensive + gwen = white

DRYSTAN ♂
Trystan
Drystan fab Tallwch, sonnir amdano yn *Trioedd Ynys Prydain*
Drystan fab Tallwch, mentioned in the *Triads of the Isle of Britain*

DULAIS ♂
Enw sawl afon
du = black + clais = stream
Name of many streams

DULAS ♂
Dulais
? du + glas
Enw ar afonydd
? du = black + glas = blue
Name of rivers

DULYN ♂ DULYN ♀
Dulyn = Dublin

DUNAWD ♂
Dunod, Dunwyd
Dunawd, tywysog Cernyw
Un o feibion Cunedda a roes ei enw i Dunoding, Eifionydd heddiw
Dunawd, prince of Cornwall
One of Cunedda's sons, who gave his name to Dunoding, Eifionydd today

DUNWYD, DUNOD ♂
Sain Dunwyd, Morgannwg
St Donat's, Glamorgan

DWYFACH ♀
Afon yng Ngwynedd
River in Gwynedd

DWYFAN ♀ DWYFAN ♂
Goroesodd y dilyw gyda Dwyfach, ac ailboblogi Prydain
He survived the flood with Dwyfach, and repopulated Britain

DWYFOR ♀
Afon yn llifo drwy Lanystumdwy, Llŷn
River flowing through Llanystumdwy, Llŷn

DWYN ♀
Dwynwen

DWYNWEN ♀
Merch Brychan Brycheiniog, nawddsant cariadon. Dydd
Gŵyl, 25 Ionawr
Eglwys yn Llanddwyn, Môn
Daughter of Brychan Brycheiniog, patron saint of lovers.
Feast Day, 25 January
Church in Llanddwyn, Anglesey

DWYRYD ♂ DWYRYD ♀
Enw afon yng Ngwynedd
dwy = two + rhyd = ford
Name of river in Gwynedd

DWYSAN ♀
dwys = intense, profound + -an ENDEARMENT

DWYSLI ♀
> Dulcie

DYBION ♂
Tybion
Mab hynaf Cunedda
Cunedda's eldest son

DYDDANWY ♂ DYDDANWY ♀
diddan = delightful

DYDDGEN ♂
? dydd = day + geni = birth

DYDDGU ♀
Dyddgu ferch Owain, 12fed ganrif
Un o gariadon Dafydd ap Gwilym, 14eg ganrif
Dyddgu ferch Owain, 12th century
One of Dafydd ap Gwilym's lovers, 14th century

DYFAN ♂
Un o'r cenhadon a anfonwyd gan y Pab i Brydain yn 171
Llandyfan, Dyfed. Merthyr Dyfan, ger y Barri
One of the missionaries sent by the Pope to Britain in
171
Llandyfan, Dyfed. Merthyr Dyfan, near Barry

DYFED ♂
Mab Macsen Wledig
Enw barddol Evan Rees, 1850–93, archdderwydd
Hen ranbarth de-orllewin Cymru
Son of Macsen Wledig
Bardic name of Evan Rees, 1850–93, archdruid
Ancient region of south–west Wales

DYFEDWY ♀
Dyfed

DYFI ♂ DYFI ♀

Afon yng ngogledd Cymru
Aberdyfi
dyf = dark or black
River in North Wales
Aberdovey

DYFNALLT ♂

Enw barddol y Parch. John Owen, 1873–1956,
archdderwydd
dwfn = deep + allt = hill or wood
Bardic name of Rev. John Owen, 1873–1956, archdruid

DYFNAN ♂

Mab Brychan
Son of Brychan

DYFNANT ♂

Enw lle ger Abertawe
dwfn = deep + nant = stream
Place name near Swansea

DYFNAINT ♂

Perthyn i lwyth Hedd o Wynedd a'r Mers
= Devon
Belonged to the family of Hedd of Gwynedd and the
Marches

DYFNWAL ♂

Dyfnwal Moelmud, gor-ŵyr i Goel Hen, cefnder i
Gunedda Wledig, *fl.* 425. Rhoddwr y gyfraith cyn
Hywel Dda yn ôl traddodiad
Dyfnwal Hen, ŵyr i Macsen Wledig neu Geredig
Wledig
> Dubnoualos; dyfn = deep + gwal = leader
Dyfnwal Moelmud, great grandson of Coel Hen, cousin
of Cunedda Wledig, *fl.* 425. Giver of laws before Hywel
Dda
Dyfnwal Hen, grandson of Macsen Wledig or Ceredig
Wledig

DYFNWALLON ♂

Arglwydd Ceredigion, 850
dyfn = deep + gwallon = a ruler
Lord of Ceredigion, 850

DYFRI ♂

Dyfrig
Enw ar afon; Llanymddyfri, Sir Gaerfyrddin
? dwfr = water + rhi = lord
Name of river; Llanymddyfri, Carmarthenshire

DYFRIG ♂
Sant cynnar, mab Brychan, *fl.* 475, o dde-ddwyrain
Cymru a Henffordd. Dydd Gŵyl, 14 Tachwedd
Early saint, son of Brychan, *fl.* 475, from south-east
Wales and Hereford. Feast Day, 14 November

DYFYNNOG, DEFYNNOG ♂
Plwyf yn Sir Frycheiniog
Parish in Breconshire

DYFYR ♂ DYFYR ♀
Dyfyr Mab Alun Dyfed, sonnir amdano yn *Breuddwyd
Rhonabwy*, chwedl a ysgrifennwyd tua 1300
Dyfyr Mab Alun Dyfed, mentioned in *Breuddwyd
Rhonabwy*, a tale written around 1300
Dyfyr wallt Eureid, sonia'r beirdd amdani oherwydd ei
phrydferthwch
Enwir yn y triawdau fel un o dair morwyn hardd llys
Arthur
Dyfyr wallt Eureid (golden haired), mentioned by poets
for her beauty
She is named in the Triads as one of three beautiful
maidens of Arthur's court

DYFR ♀
Dyfyr

DYLAN ♂
Mab Arianrhod, a aeth at y môr
a'i alw'n Dylan Eil Don. Duw
môr, neu arwr chwedlonol
Dylan Thomas, 1914–53,
bardd
Son of Arianrhod, who took
to the sea, and was named
Dylan Eil Don (= akin to
wave). Sea god,
or hero of fables
Dylan Thomas, 1914–53, poet

DYRFAL ♂
Derfel
Llandyrfal, ger Llangadog
Llandyrfal, near Llangadog

Dylan Thomas

E

EBAN, EBON ♂
\# Eben, Hebraeg = carreg, craig
\# Eben, Hebrew = rock, stone

EBEN ♂
> Hebraeg 'carreg cymorth'
Eben Fardd, enw barddol Ebenezer Thomas, 1802–63
> Hebrew, 'stone of help'
Eben Fardd, bardic name of Ebenezer Thomas, 1802–63

EBRILL ♀
= April

EBRILLA ♀
\# Ebrill

EBRILLWEN ♀
\# Brillwen
Ebrill = April + gwen = white, blessed

EDENOG ♂
= un ag adenydd
Un o ddilynwyr Arthur
= winged
One of Arthur's followers

EDERN ♂
Mab Cunedda, 527–579
Mab Nudd yn *Geraint fab Erbin*
Edern Dafod Aur, gramadegydd, 13eg ganrif
Edeirnion, Sir Gaernarfon; Edern, pentref yn Llŷn;
Bodedern, Môn
Sant Edeyrn. Dydd Gŵyl, 6 Ionawr
Llanedeyrn, Caerdydd
Son of Cunedda, 527–579
Son of Nudd in medieval tale, *Geraint fab Erbin*
Edern Dafod Aur (Golden Tongue), grammarian, 13th
century
Edeirnion, Carnarfonshire; Edern, village in Llŷn,
Bodedern, Anglesey
Edeyrn Saint. Feast Day, 6 January
Llanedeyrn, Cardiff

EDERNOL ♂
?> Lladin 'eternalis' = tragwyddol
?> Latin 'eternalis' = eternal

EDERYN ♂
Aderyn, Deryn

EDEYRN ♂
Edern
Un o feibion Cunedda. Edeirnion, Clwyd
One of the sons of Cunedda. Edeirnion, Clwyd

EDMWND ♂
Edmwnt, Edmwn
> Hen Saesneg Eadmund, ead = cyfoethog + mund = amddiffyniad
Edmwnd Prys, 1544–1623, Archddiacon Meirionnydd a bardd
Old English, ead = rich, mund = protection
Edmwnd Prys, 1544–1623, Archdeacon of Merionethshire and poet

EDNA ♀
Gwraig Enoc yn Llyfr yr Apocryffa
Enoch's wife in the Apocrypha
? edn = bird

EDNO ♂
Dyffryn yng Ngwynedd
A valley in Gwynedd

EDNOWAIN ♂
edn = bird + Owain

EDNOWEN ♂
Ednowain

EDNYFED ♂
Ednyfed ap Macsen Wledig, sant cynnar
Ednyfed Fychan, Ednyfed ap Cynwrig, arglwydd yng Ngwynedd, 1246
Ednyfed ap Macsen Wledig, early saint
Ednyfed Fychan, Ednyfed ap Cynwrig, lord in Gwynedd, 1246

EDRYD ♂
= tras
Edryd Wallt Hir, brenin Lloegr, sef Aethelred o Mercia
= descent
Edryd Wallt Hir (long-haired), king of England, Aethelred of Mercia

EDWARD, EDWART ♂
Edwart
> Hen Saesneg, Eadweard, ead = cyfoethog, weard = gwarcheidwad
Edward ab Ifan, telynor a urddwyd yn eisteddfod Caerwys, 26 Mai 1568

> Old English, Eadweard, ead = rich, weard = guardian
Edward ab Ifan, harpist honoured at Caerwys
eisteddfod, 26 May 1568

EDWEN ♀
Edwen ferch Brychan

EDWIN ♂
Edwyn
Edwin Davies, 1859–1919, golygydd a chyhoeddwr,
Aberhonddu
Edwin Davies, 1859–1919, editor and publisher, Brecon

EDWY ♂ EDWY ♀
Aberedw, pentref yn nyffryn Gwy
Aberedw, a village in the Wye valley

EDWYN ♂
Edwin
> Hen Saesneg, Eadwine, ead = cyfoethog, wine = cyfaill
Edwin ap Ceredig ap Cunedda, 6ed ganrif
Edwin ab Einion, 10fed ganrif, tad Hywel, brenin
Deheubarth
> Old English, Eadwine, ead = rich, wine = friend
Edwin ap Ceredig ap Cunedda, 6th century
Edwin ab Einion, 10th century, father of Hywel, king of
Deheubarth (south-west Wales)

EDYS ♀

EFA ♀
> Hebraeg = bywiog
Gwraig Gwalchmai'r bardd,
1150
Efa ferch Madog ap
Maredudd, –1160, merch
tywysog Powys. Canodd
Cynddelw iddi
> Hebrew = lively
Wife of Gwalchmai the poet,
1150
Efa ferch 2Madog ap
Maredudd, –1160, daughter of
Prince of Powys. Cynddelw sang
to her

Efa Gruffudd Jones

EFANNA ♀
Ifanna

EFLYN ♀
> Hen Almaeneg Avelina, Saesneg Evelyn, neu >
Gwyddeleg Eileen
> Old German Avelina, English Evelyn, or > Irish Eileen

EFNISIEN ♂
Brawd creulon Nisien yn y *Mabinogi*
Cruel brother of Nisien in the *Mabinogion*

EFROG ♂
Brenin chwedlonol Prydain, y ganrif 1af CC
Caer Efrog, Efrog Newydd
King of Britain in fable in the 1st century BC
Caer Efrog = York
Efrog Newydd = New York

EFYDD ♂
Ufydd
Llanefydd, Sir Ddinbych
Efydd ap Dôn
Llanefydd, Denbighshire
= bronze

EGRYN ♂
Sant cysylltiedig â Llanegryn, Meirionnydd
A saint associated with Llanegryn, Merionethshire

ENGAN ♂
Llanengan, Gwynedd

EHEDYDD ♂ EHEDYDD ♀
Hedydd
Ehedydd Iâl, enw barddol William Jones, 1815–99
= skylark
Ehedydd Iâl (Yale), bardic name of William Jones,
1815–99

EIC ♂
Ffurf anwes ar Isaac
Affectionate form of Isaac

EIDDIG ♂
aidd = eiddgarwch, angerdd
aidd = zeal, ardour

EIDDIL ♂
= meek, small

EIDDILIG ♂
Enwir yn Nhrioedd Ynys Prydain
Named in the Triads of Britain

EIDDON ♂
aidd = eiddgarwch, angerdd
aidd = zeal, ardour

EIDDWEN ♀
aidd = angerdd + gwen; neu eiddun = dymunol
Llyn yng Ngheredigion
aidd = ardour + gwen = white; or eiddun = desirable
A lake in Ceredigion

EIDDYN ♂
# Eiddon, Eidin
Caereidin = Caeredin, canolfan y milwyr a aeth i
Gatraeth (gw.Aneirin)
Caereidin = Edinburgh, from where the soldiers went to
Catraeth (Catterick) (v.Aneirin)

EIFION ♂
Eifion ap Dunawd
Wyr Cunedda, 5ed ganrif
Eifion Wyn, enw barddol Eliseus Williams, 1867–1926,
o Borthmadog
Eifionydd, Sir Gaernarfon
Grandson of Cunedda, 5th century
Eifion Wyn, bardic name of Eliseus Willlliams, 1867–
1926, from Porthmadog
Eifionydd, Carnarfonshire

EIFIONA ♀
Ffurf fenywaidd ar Eifion
Feminine form of Eifion

EIGION ♂
Eigion ap Gwynllyw
= sea

EIGON ♂
Sant cysylltiedig â Llanigon, Powys
A saint associated with Llanigon in Powys

EIGR ♀
= merch brydweddol
Merch Amlawdd Wledig a gwraig Gwrlais, Dug
Cernyw ac Uthr Pendragon, a mam Arthur
= beautiful girl
Daughter of Amlawdd Wledig and wife of Gwrlais,
Duke of Cornwall and Uthr Pendragon, and mother of
Arthur

EIGRA ♀
Eigr

EILA ♀
Ffurf ar Ailla (Cernyweg), o Elen; neu o'r Hebraeg =
derwen
Form of Ailla (Cornish), from Elen; or from Hebrew =
oak

EILFYW ♂
Elfyn
Sant cynnar, cefnder i Ddewi o bosibl. Ffurf Saesneg yw Elvis
ail = re + byw = live
An early saint, a cousin of David possibly. English form is Elvis

EILIAN ♂
Elian
Sant cysylltiedig â Llaneilian, Môn
A saint associated with Llaneilian, Anglesey

EILIONA ♀
Eilian

EILIR, EILYR ♂
= iâr fach yr haf; gwanwyn
= butterfly; spring

EILIWEDD ♂
Elwedd
Un o ferched Brychan Brycheiniog
One of the daughters of Brychan Brycheiniog

EILUN ♂ EILUN ♀
eilun = idol

EILUNED ♀
Eluned

EILWEN ♀
eil = alike + gwen = white, fair

EILWYN ♂
eil = alike + gwyn = white, fair

EINION ♂
Cwm Einion, Caereinion
Einion Yrth, −420, mab Cunedda
Einion ap Gwalchmai, *fl.* 1203–23, bardd
Einion Offeiriad, *fl.* 1320, lluniodd y gramadeg
Cymraeg cynharaf
= anvil
Einion Yrth, −420, son of Cunedda
Einion ap Gwalchmai, *fl.* 1203–23, poet
Einion Offeiriad, *fl.* 1320, wrote the first Welsh grammar

EINIONA ♀
Ffurf fenywaidd ar Einion
Feminine form of Einion

EINIR ♀
> Lladin 'honora' = enw da, prydferthwch
> Latin 'honora' = reputation, beauty

EINON ♂
Einion
Portheinon, Gŵyr
Port Eynon, Gower

EINUDD ♂
Tad-cu Madog ap Meredydd
Grandfather of Madog ap Meredydd

EIRA ♀
= snow

EIRAL ♀

EIRAWEN ♀
Eirwen
= snow-white

EIRIAN ♂ EIRIAN ♀
= disglair, gwych
Eirian Davies, 1918–98, bardd

= splendid, bright
Eirian Davies, 1918–98, poet

EIRIANA ♀
Eirian

EIRIANEDD ♀
Eirian

EIRIANELL ♀
Eirian

EIRIANWEN ♀
eirian = bright + gwen = white, blessed

EIRIAS ♂
= burning, intense

EIRIG, EIRUG ♂
# Eurig
eirig = disglair, rhyfelgar
eirig = bright, warlike

EIRIOL ♀
= snowy, to beseech

EIRLIW ♀
eira + lliw
eira= snow + lliw = colour; snow–coloured

EIRLYS ♀
= snowdrop

EIRWEN ♀
eira = snow + gwen = white

EIRWG ♂
Llaneirwg, Sir Fynwy
Llaneirwg = St Mellons,
Monmouthshire

EIRWYN ♂
eira = snow + gwyn
= white

EIRY ♀
= snow

EIRYL ♀
Euryl

Eirwyn Pontshân

EIRYS ♀
= handsome, comely

EIRYTH ♀
Eirys

EITHWEN ♀
Eiddwen

ELÁI ♂
Afon
Rhanbarth o Gaerdydd
A river, Ely
District of Cardiff

ELAIN ♀
= fawn

ELAN ♀
Tair merch i Dôn: Gwernen, Elan a Maelan
Enw nentydd yng Ngheredigion, Maldwyn, Maesyfed a
Brycheiniog
Cwm Elan
Three daughters of Dôn: Gwernen, Elan and Maelan
Name of streams in Ceredigion, Montgomery,
Radnorshire and Breconshire
Elan Valley

ELANNA ♀
Elan, Elen
Cyfuniad o Elisabeth a Hannah
Combination of Elisabeth and Hannah

ELANWEN ♀
Elan + gwen = white

ELDEG ♀
? el = llawer/amryfal + teg
? el = many/various + teg=fair

ELDRYD ♂ ELDRYD ♀
Eldrydd
Eldryd fab Elgar, 10fed ganrif, brenin y Saeson
Eldryd fab Elgar, king of the Saxons, 10th century

ELDRYDD ♂ ELDRYDD ♀
Eldryd
Gwraig David Davies, Llandinam
Wife of David Davies, Llandinam

ELEN ♀
Helen, Elena
> Groeg 'elenos' = yr un ddisglair.
–338, Y Santes Helen, merch Coel

Cymeriad mewn hen fytholeg
Gymreig. Cysylltir â heolydd
Rhufeinig Sarn Helen
Mam Ymerawdwr
Caergystennin, 135 eglwys
wedi eu cysegru iddi ym
Mhrydain
> Greek 'elenos' = the bright
one
–338, Saint Helen, daughter
of Coel
Character in ancient Welsh
mythology. Associated with Roman
roads, Sarn Helen
Mother of Emperor of Constantinople, 135 churches
dedicated to her in Britain

Elen

ELENA, ELENNA ♀
Elen, Elenid

ELENID ♀
Elenydd
Ardal fynyddig yn Nyfed, tarddiad afon Elan
Mountainous area in Dyfed, source of river Elan

ELENYDD ♀
Elenid

ELERA ♀
Eleri

ELERI ♀
Meleri
Santes, merch Brychan 5ed ganrif
Afon a Chwm Eleri, Ceredigion
Saint, daughter of Brychan, 5th century
Eleri river and valley, Ceredigion

ELERYDD ♂
Ffurf wrywaidd ar Eleri
Masculine version of Eleri

ELFAEL ♂
Rhan o hen Sir Faesyfed
A part of the old Radnorshire

ELFAIR ♀
el- CRYFHAOL + Mair
el- INTENSIFYING PREFIX + Mair

ELFAN ♂
Elfan Powys ap Cyndrwyn

ELFED ♂
Elfedd
Enw barddol y Parch. Howell Elvet Lewis, 1860–1953
Ardal o gwmpas Leeds
Cynwyl Elfed, Sir Gaerfyrddin
Bardic name of Rev. Howell Elvet Lewis, 1860–1953
Area around Leeds
Cynwyl Elfed, Carmarthenshire

ELFEDAN ♂ ELFEDAN ♀

ELFEDD ♂
Elfed

ELFODD ♂
–809, Esgob Bangor a fabwysiadodd y dull Rhufeinig o
bennu Sul y Pasg
–809, Bishop of Bangor who adopted the Roman method
of deciding on Easter Sunday

ELFRYN ♂
el- INTENSIFYING PREFIX or ael = brow + bryn = hill

ELFRYS ♀

ELFYDD ♂
Brenin cynhanesyddol
Prehistoric king

ELFYN ♂
Enw barddol Robert Owen Hughes, 1858–1919
Beli fab Elfyn, –721
Bardic name of Robert Owen Hughes, 1858–1919
Beli fab Elfyn, –721

ELFYW ♂
Eilfyw

ELGAN ♂
Elian
Sonnir amdano yn *Englynion y Beddau*
el- INTENSIFYING PREFIX + can = bright
Mentioned in the *Stanzas of the Graves*

ELGAR ♂
el- INTENSIFYING PREFIX + câr = love

ELHAEARN ♂
Aelhaearn
el- INTENSIFYING PREFIX + haearn = iron

ELI ♂
> Hebraeg = uchder
> Hebrew = height

ELIAN ♂
Eilian
Sant cynnar
An early saint

ELIAS ♂
> Hebraeg, 'Iehofah yw Duw'
John Elias, 1774–1841, gweinidog gyda'r Methodistiaid
Calfinaidd
> Hebrew, 'Jehovah is God'
John Elias, 1774–1841, Calvinistic Methodist minister

ELIDAN ♀
Ilid
Santes cysylltiedig â Llanelidan ger Llangollen
Saint associated with Llanelidan near Llangollen

ELIDIR ♂
6ed ganrif, tad Llywarch Hen,
Elidir Mwynfawr, hawliodd reolaeth ar Wynedd ar ôl
marw Maelgwn
Elidir Sais, bardd o Fôn, 12fed–13eg ganrif

6th century, father of Llywarch Hen
Elidir Mwynfawr (wealthy), claimed authority over of
Gwynedd after death of Maelgwn
Elidir Sais, poet from Anglesey, 12th–13th century

ELIDYR ♂
Elidr

ELIN, ELINA ♀
Elinor, Elen, Elena

ELINDER ♀

ELINOR ♀
> Provençal Alienor, ffurf ar Helen
> Provençal Alienor, a form of Helen

ELINWEN ♀
Elin + gwen = white, fair

ELINWY ♀

ELIS ♂
Elias
> Hebraeg, Elias = 'Iehofa yw Duw'
Elis Cynfrig, *fl.* 1580–1620, bardd
Elis Prys 1512?–95? o Blas Iolyn, AS a swyddog gwladol

> Hebrew, Elijah = 'Jehovah is God'
Elis Cynfrig, *fl.* 1580–1620, poet
Elis Prys 1512?–95? from Plas Iolyn, MP and official

ELISABETH ♀
> Hebraeg, Elisheba = 'Mae fy Nuw yn foddhad'
> Hebrew, Elisheba = 'My God is satisfaction'

ELISAWNDR ♂
> Alexander

ELISEDD ♂
Hendaid Cyngen a achubodd Powys rhag y Saeson, 11eg
ganrif
Great–grandfather of Cyngen who saved Powys from the
English, 11th century

ELISEG ♂
Elysteg
Brenin ar Bowys yn y 9fed ganrif, y mae cofgolofn iddo
ger Llangollen
King of Powys in 9th century; a memorial stone in his
honour stands near Llangollen

ELISA ♀
Elisabeth, Lisa

ELONWY ♀
Aelonwy

ELORA ♀

ELSBETH, ELSPETH ♀
Elisabeth

ELSTAN ♂
Elstan Glodrudd ap Cuhelyn, –933, pennaeth un o bum llwyth brenhinol Cymru
Elstan Glodrudd ap Cuhelyn, –933, chief of one of five royal families of Wales

# ELUNED ♀
el = llawer + un = dymuniad
# Eiluned, Luned, Lyn
Hen enw Cymraeg, cymeriad yn y chwedl *Iarlles y Ffynnon;* ffurf Ffrengig o'r enw yw Lynnette
Eluned Morgan, 1870–1938, awdur
el = many + un = desire
Old Welsh name, character in the tale *Lady of the Fountain*; the French form of which is Lynnette
Eluned Morgan, 1870–1938, author

ELWEDD ♀
> Eiliwedd
Llanelwedd, Powys
Un o ferched Brychan Brycheiniog
One of the daughters of Brychan Brycheiniog

ELWEN, ELWENNA ♀
Ffurf fenywaidd ar Elwyn
Feminine form of Elwyn

ELWY ♂
Afon yn Ninbych, tref Llanelwy
River in Denbighshire, Llanelwy = St Asaph

ELWYN ♂
Alwyn
el- INTENSIFYING PREFIX + gwyn = white

ELYDR ♂
Elidir

ELYSTAN ♂
Elstan
> Hen Saesneg, Aethelstan, aethel = bonheddig + stan = carreg
> Old English, Aethelstan, aethel = noble + stan = stone

ELYSTEG ♀
Eliseg

ELLI ♀ ELLI ♂
Disgybl i Cadog, 6ed ganrif, cysylltiedig â Llanelli.
Dydd Gŵyl, 23 Ionawr
Pupil of Cadog, 6th century, associated with Llanelli.
Feast Day, 23 January

ELLIW ♀
Un o wragedd llys Arthur yn *Culhwch ac Olwen*
el- INTENSIFYING PREFIX + lliw = colour
One of the ladies of Arthur's court in *Culhwch and Olwen*

EMLYN ♂
? > Lladin, Aemilianus
Castellnewydd Emlyn, Sir Gaerfyrddin
? > Latin, Aemilianus
Newcastle Emlyn, Carmarthenshire

EMRYS ♂
> Lladin, Ambrosius, > Groeg, = perthyn i anfeidrolion
Emrys Wledig, arweinydd y Brythoniaid, 5ed ganrif,
ŵyr i Macsen Wledig
Emrys ap Iwan, Robert Ambrose Jones, 1851–1906,
gweinidog, llenor, cenedlaetholwr
Enw barddol Dewi Emrys, David
Emrys James, 1881–1952
> Latin, Ambrosius, > Greek,
pertaining to immortals
Emrys Wledig, leader of
the Britons, 5th century,
grandson of Macsen
Wledig
Emrys ap Iwan, Robert
Ambrose Jones, 1851–1906,
minister, writer, nationalist
Bardic name of Dewi Emrys,
David Emrys James, 1881–1952

Emrys ap Iwan

EMSYL ♀
= gem + Sul = Sunday

EMYR ♂
= ymerawdwr, brenin
Ynyr
Emyr Llydaw, sant Llydewig a ddaeth i Gymru yn y 6ed
ganrif
= emperor, king
Emyr Llydaw, Breton saint who came to Wales in 6th
century.

ENA ♀
\# Enid

ENDAF ♂
en- INTENSIFYING PREFIX + daf = good

ENFAEL ♂
\# Onfail, Enfail
Enfael ap Deigr ap Dyfnwal Hen ap Ednyfed ap Macsen Wledig

ENFAIL ♂
\# Onfail, Enfail

ENFYS ♀
= rainbow

ENIAWN ♂
\# Einion

ENID, ENIDA ♀
\# Enida, Ena
Gwraig Geraint fab Erbin, un o farchogion Arthur
Wife of Geraint son of Erbin, one of Arthur's knights

ENIDWEN ♀
Enid + gwen = white

ENIR ♀ **ENIR** ♂
\# Enyr, Einir, Emyr, Ynyr

ENLLI ♂
Ynys Enlli = Bardsey Island

ENOC ♂
\# Enoch
> Hebraeg, = medrus
> Hebrew, = skilled

ENYD ♀
\# Enid

ENYR ♂ **ENYR** ♀
\# Enir, Einir, Emyr, Ynyr

EOS ♂ **EOS** ♀
= nightingale

ERFYL ♂ **ERFYL** ♀
\# Eurfyl, Urfyl
Sant cysylltiedig â Llanerfyl, pentref yn Sir Drefaldwyn

A saint associated with Llanerfyl, a village in Montgomeryshire

ERIN ♀
Eryn, Erina
= Ireland

ERINA ♀
Erin

ERTHIG ♂
Arth, afon yng Ngheredigion. Cysylltid yr afon â duwies
arth = bear
Arth, river in Ceredigion. The river was associated with a goddess

ERWAN ♂
Llydaweg, ? o'r Ffrangeg Yvon = ywen
Breton, ? from the French Yvon = yew tree

ERWYD ♂
David Erwyd Jenkins, 1864–1937, hanesydd a gweinidog Ponterwyd, Ceredigion
David Erwyd Jenkins, 1864–1937, historian and minister

ERYL ♂ ERYL, ERYLA ♀
? = gwylfa, helfa
? = watch, pursuit

ERYLYS ♀
Eryl, Eirlys

ERYRI ♂
= trum
= eagles, ridge; Snowdonia

ESYLLT ♀
= 'yr hon y syllir arni' neu >
Hen Almaeneg is = iâ + vald =
teyrnasiad; Isolde
Cariad Trystan yn y chwedl
Trystan ac Esyllt
Esyllt Merch Cynan Dindaethwy, *fl.*
800, mam neu wraig Merfyn Frych
= 'who is gazed at' or > Old German is =
ice + vald = rule; Isolde
Trystan's lover in the tale *Trystan ac Esyllt*
Esyllt Merch Cynan Dindaethwy, *fl.*
800, mother or wife of Merfyn Frych

Esyllt

ETHEL ♀
> Hen Almaeneg, Athala; Hen Saesneg aethel = bonheddig
> Old German, Athala; Old English aethel = noble

ETHELWEN ♀
Ethel + gwen = white

ETHNI ♀
Ethni Wyddeles, arwres mewn chwedloniaeth Wyddeleg
Ethni Wyddeles (Irish woman), heroine in Irish mythology

EUDAF ♂
Mab Caradog ap Brân
Son of Caradog ap Brân

EULFWYN ♀
mwyn = gentle

EUNYDD ♂
Un o blant y dduwies Dôn
One of the children of the goddess Don

EURAL ♀
Ogof Eural yn Swnt Enlli
Eural's cave in Enlli Sound

EURDDOLEN ♀
aur = gold + dolen = a link

EURDDYL ♀
Chwaer Urien, pennaeth yr hen Oogledd
Sister of Urien, ruler of the Old North

EURFIN ♂ EURFIN ♀
aur = gold + min = lips, border

EURFRON ♀
aur = gold + bron = a breast

EURFRYN ♂
aur = gold + bryn = a hill

EURFYL ♂
Erfyl, Gwerfyl
from aur = gold

EURGAIN ♀
Eurgain ferch Maelgwn Gwynedd
Eurgain, gwraig Elidir Mwynfawr
Llaneurgain, Fflint
aur = gold + cain = beautiful
Eurgain, wife of Elidir Mwynfawr
Llaneurgain (Northop), Flintshire

EURIANA ♀
Eirian

EURIG ♂
# Eirig
eirig = disglair; aur = gold

EURION ♂
aur = gold

EURIONA ♀
aur = gold

EURLIW ♂ **EURLIW** ♀
aur = gold + lliw = colour

EUROF ♂
aur = gold + gof = a smith

EUROLWYN ♀
Cymeriad yn chwedl *Culhwch ac Olwen*
aur = gold + olwyn = a wheel
A character in the tale of *Culhwch ac Olwen*

EURON ♀
Cariad Iolo Goch, 14eg ganrif
aur = gold
Beloved of the poet Iolo Goch, 14th century

EURONWY ♀
Euronwy ferch Clydno Eiddyn
Un o dair hudoles Ynys Prydain
One of the three enchantresses of the Isle of Britain

EUROS ♂
aur = gold; sunflowers

EUROSWY ♀
euros = sunflowers

EUROSWEN ♀
Euros + gwen = white

EUROSWYDD ♂
Tad Nisien ac Efnisien yn y *Mabinogi*
eur = gold + oswydd = enemy or rhos = heath + gwŷdd = trees
Father of Nisien and Efnisien in the *Mabinogion*

EURWEN ♀
# Eirwen
aur = gold + gwen = white

EURWYN ♂
# Eirwyn
aur = gold + gwyn = white

EURYDD ♂
aur = gold + -ydd = masculine ending

EURYL ♀
Eryl, Euryn
aur + ?Gwyddeleg geal = bright
aur = gold + ?Irish geal = bright

EURYN ♂
= piece of gold, darling

EURYS ♀ EURYS ♂
aur = gold; ? # Iris

FALEIRY, FALYRI ♀
> Lladin, Valeria; Saesneg, Valerie
> Latin, Valeria; English Valerie

FALMAI ♀
? afal = apple + Mai = May; mayflower

FANW ♀
Myfanwy

FIOLED ♀
= violet

FRONEIRA ♀
bron = breast + eira = snow

FYCHAN ♂
= small, younger; Vaughan

FYRNWY, EFYRNWY ♂
Afon yn Sir Drefaldwyn
River in Mongomeryshire

FF

FFAGAN ♂
Sant cynnar, cenhadwr Rhufeinig o'r 2il ganrif
Sain Ffagan, Caerdydd
Early saint, Roman missionary of 2nd century
St Fagans, near Cardiff

FFINIAN ♂
Sant o'r 6ed ganrif, Gwyddel, myfyriwr yn Llancarfan.
Dydd Gŵyl, 12 Rhagfyr neu 23 Chwefror
6th century saint, Irishman, pupil at Llancarfan. Feast
Day, 12 December or 23 February

FFION ♀
> Gwyddeleg, fionn = golau, gwyn; ffion = bysedd y cŵn
> Irish, fionn = fair, white; ffion = foxglove

FFIONA ♀
Ffion

FFIONWEN ♀
# Ffion
gwen = white

FFLUR ♀
Cariad Caswallon a Iwl Cesar
Merch Gweirydd ap Seisyllt, –1150
Ystrad-fflur
= flowers
Love of Caswallon and
Julius Caesar
Daughter of Gweirydd
ap Seisyllt, –1150
Ystrad-fflur = Strata
Florida

Fflur Dafydd

FFOLANT, FFOLAN ♂
FFOLAN ♀
> Lladin, Valens = cryf; Valentine
> Latin, Valens = strong; Valentine

FFOWC ♂
Ffowc Llwyd, *fl.* 1580–1620, bardd ac ysgwier o
Ddinbych
Ffowc Llwyd, *fl.* 1580–1620, poet and squire of Denbigh

FFRAID ♀
Braint
Santes Wyddelig, Brigid, nawddsant barddoniaeth a
dysg, iacháu a chrefft
Llansant-ffraid, Ceredigion
Irish saint, Brighid, patron saint of poetry, learning,
healing and craft.
Llansant-ffraid, Ceredigion

FFRANC ♂
= milwr cyflogedig llys pennaeth Cymreig; neu
waywffon, hefyd ffurf ar Ffransis
= paid soldier of Welsh chief's court; or spear; also form
of 'Frank', from 'Francis'

FFRANCON ♂
Nant Ffrancon, Gwynedd

FFRANSIS ♂
> Lladin, Franciscus = Ffrancwr
> Latin, Fransiscus = Frenchman

FFREUER ♀
Ffreuer ferch Cyndrwyn, chwaer Heledd, tywysoges o
Bowys
Ffreuer ferch Cyndrwyn, sister of Heledd, princess of
Powys

FFREYA ♀
o Sgandinafia, duwies cariad
from Scandinavia, goddess of love

FFUONWEN ♀
Ffion, Ffionwen

G

GAENOR ♀
Geinor, Gwenhwyfar

GAFIN, GAFYN ♂
Gafyn, Gawain
?> Hen Almaeneg, Gawin = ardal o dir
?> Old German, Gawin = district of land

GARAN, GARIN ♂
= heron

GAREL ♂

GAREM ♂
? garw = rough or câr = love + gem = diamond

GARETH ♂
Geraint, Garth
? gwaraidd = civilized

GARMON ♂
> Lladin, Germanus = Almaenwr
Daeth Germanus sant i Brydain yn 428 i amddiffyn y gwareiddiad Rhufeinig yn erbyn Gwrtheyrn
Nawddsant Powys
> Latin, Germanus = German
Germanus the saint came to Britain in 428 to defend the Roman civilisation against Gwrtheyrn
Patron Saint of Powys

GARN ♂
= rock, stone

GARNANT ♂
garw + nant
Pentref yn Sir Gaerfyrddin
garw = rough; nant = stream
Village in Carmarthenshire

GARNEDD ♂
Mae Carnedd yn elfen gyffredin mewn enwau mynyddoedd
carnedd = cairn; a common element in mountain names

GARNON ♂

GAROD ♂
Gerallt

GARTH ♂
# Gareth
garth = hill, ridge

GARWEN ♀
Merch Hennin; cyfeirir ati yn *Englynion y Beddau* o'r 9fed–10fed ganrif
Un o feistresi'r Brenin Arthur
? gar = leg + gwen = white
Daughter of Hennin; mentioned in the *Stanzas of the Graves* of 9th–10th century
One of King Arthur's three mistresses

GARWY ♂
Carwr enwog, tad Indeg
A well-known lover, father of Indeg

GARWYN ♂
Carwyn
Cynan Garwyn, Brenin Powys y canodd Taliesin iddo yn y 6ed ganrif
gar = chin bone + gwyn = white
Cynan Garwyn, King of Powys to whom Taliesin sang in the 6th century

GAWAIN ♂
Gwalchmai
> Gwalchwyn neu >Hen Almaeneg Gawin = ardal o dir
Arwr yn chwedlau Arthur
> Gwalchwyn = white hawk or > Old German Gawin = district of land
Hero of Arthurian legends

GAWEN ♂
Gawain

GAYNOR ♀
Gaenor, Geinor, Gwenhwyfar

GEINOR ♀
Gwenhwyfar, Ceinwyr

GELLAN ♂
Cellan
Bardd a thelynor yn yr 11eg ganrif
A poet and harpist in the 11th century

GENERYS ♀
Cariad Hywel ab Owain Gwynedd yn y 12fed ganrif
Lover of Hywel ab Owain Gwynedd in the 12th century

GERAINT, GEREINT ♂
> Groeg 'geron' = hen, Lladin, Gerontius

Chwedl ganoloesol, *Geraint fab Erbin,* neu *Geraint ac Enid,* a milwr yng Nghatraeth
Mae cerdd iddo yng nghanu Llywarch Hen
> Greek 'geron' = old, Latin, Gerontius
Medieval tale, *Geraint fab Erbin* or *Geraint and Enid,* and a soldier at Catraeth (Catterick)
A poem about him occurs in the Llywarch Hen cycle

GERALLT ♂

> Hen Almaeneg,
Gairovald, ger = gwayw
+ vald = teyrnasiad,
Gerald
Gerallt Gymro
1146?–1223, ganed
ym Maenorbŷr, mab
Angharad ac ŵyr i
Nest, merch Rhys ap
Tewdwr, a aeth ar daith
o gwmpas Cymru gyda'r
Archesgob Baldwin yn 1188

Gerallt Gymro

> Old German, Gairovald
ger = spear + vald = rule, Gerald
Gerallt Gymro = Gerald the Welshman, born at
Maenorbŷr, Pembrokeshire, son of Angharad, grandson
of Nest, daughter of Rhys ap Tewdwr; went on journey
around Wales with Archbishop Baldwin in 1188

GERRAN ♂

GERWYN ♂
Mab Brychan Brycheiniog, 5ed ganrif
garw = rough +gwyn = white
Son of Brychan Brycheiniog, 5th century

GETHIN ♂
Rhys Gethin, un o swyddogion Owain Glyndŵr
Ieuan Gethin, *fl.* 1450, bardd
Gethin Davies, 1846–96, gweinidog a phrifathro coleg y
Bedyddwyr, Llangollen
cethin = dusky
Rhys Gethin was one of Owain Glyndŵr's lieutenants
Ieuan Gethin, *fl.* 1450, poet
Gethin Davies, 1846–96, minister and principal of
Baptist college, Llangollen

GILDAS ♂
516–570, hanesydd, cydoeswr â Dewi Sant
516–570, historian, a contemporary of St David

GLADYS ♀
Gwladys

GLAIN ♀
= a jewel, gem

GLANDEG ♂ **GLANDEG** ♀
glân = clean + teg = fair

GLANDER ♂
= cleanliness

GLANFAB ♂
glan = clean + mab = son, boy

GLANFFRWD ♂
Enw barddol William Thomas, hanesydd, 1843–90 o
Ynys-y-bŵl, Morgannwg
glan= a bank or glân = clean + ffrwd = a stream
Bardic name of William Thomas, historian, 1843–90
from Ynys-y-bŵl, Glamorgan

GLANLI ♂
glân = clean + lli = stream

GLANMOR ♂
Glanmor John Williams, 1811–91, hynafiaethydd o'r
Rhyl
Glanmor Williams, 1920–2005, hanesydd o Ddowlais

glan = bank or glân = clean + môr = sea or mawr = great
Glanmor John Williams, 1811–91, antiquary from Rhyl
Glanmor Williams, 1920–2005, historian from Dowlais

GLANNANT ♂
glan = bank + nant = stream

GLASFRYN ♂
glas = green + bryn = hill

GLASIAD ♂
glas = blue

GLASLYN ♂ **GLASLYN** ♀
Aberglaslyn, Gwynedd
glas = blue, green + llyn = lake

GLASNANT ♂
glas = blue, green + nant = stream

GLENDA ♀
Gwenda
? > Americanaidd
? glyn = vale + da = white
? > American origin

GLENFIL ♂
> Glanville

GLENWEN ♀
? glyn = vale + gwen = white

GLENWYN ♂
? glyn = vale + gwyn = white

GLENYS ♀
glyn = vale

GLESNI ♀
= blueness, freshness

GLEWAS ♂
Glewyas
Sant cynnar
An early saint

GLOYW ♂
Gloyw ferch Brychan
= bright
Caerloyw = Gloucester

GLWYS ♀
= fair, beautiful, holy

GLYN ♂
Glyndŵr
= vale

GLYNA ♀
Ffurf fenywaidd ar Glyn
Feminine form of Glyn

GLYNDŴR ♂
Owain Glyndŵr 1353–
1416?, Tywysog Cymru
a sefydlodd seneddau
Cymreig; arwr mwyaf hanes
Cymru
glyn = vale + dŵr

Owain Glyndŵr

water; Glyn Dyfrdwy = Vale of Dee
Owain Glyndŵr 1353–1416?, Prince of Wales who
established Welsh parliaments; foremost hero of Welsh
history

GLYNETH ♀
Gwyneth

GLYNGWYN ♂
glyn = a vale + gwyn = white

GLYNIS, GLYNYS ♀
Ffurf fenywaidd ar Glyn
Feminine form of Glyn

GLYNOG ♂
# Clynnog
glyn = vale

GLYNWEN ♀
glyn = vale or short for Glyndŵr +gwen = white

GLYWYS ♂
Brenin talaith Glywysing (Morgannwg), *fl.* 530, tad
Gwynllwg a thad-cu Cadog
King of Glywysing (Glamorgan), *fl.* 530, father of
Gwynllwg and grandfather of Cadog

GOEWYN, GOEWIN ♀
Morwyn Math yn y *Mabinogi*
gohoyw = sprightly
Maid of Math in the *Mabinogion*

GOFAN ♂
Gawain
St Gawain, Sir Benfro
St Gowan, Pembrokeshire

GOLEU ♀
Goleu ferch Brychan
Goleu daughter of Brychan

GOLEUBRYD ♀
golau = light + bryd = countenance

GOLYSTAN ♂
Milwr a fu yng Nghatraeth
A warrior who fought at Catraeth (Catterick)

GOMER ♂
Ŵyr Noa, yn ôl traddodiad yn gyndad y Cymry
Enw barddol Joseph Harris, 1773–1825, gweinidog a
llenor
Capel Gomer, Abertawe
Grandson of Noah, according to tradition an ancestor of
the Welsh
Bardic name of Joseph Harris, 1773–1825, minister and
writer
Capel Gomer chapel, Swansea

GORONW ♂
Goronwy, Gronw
Goronw ap Cadwgan, 11eg ganrif
Goronw ap Cadwgan, 11th century

GORONWY ♂
Goronw, Gronw, Ronw, Gronwy
Goronwy Gyriog, *fl.* 1310–60, bardd o Fôn
Goronwy Owen 1723–69, clerigwr a bardd mawr
Goronwy Gyriog, *fl.* 1310–60, poet of Anglesey
Goronwy Owen 1723–69, clergyman and great poet

GORWEL ♂ GORWEL ♀
= horizon

GRIFFITH, GRIFF ♂
Gruffudd

GRIFFRI ♂
Gruffudd
Griffri fab Cyngen, 9fed ganrif
Griffri fab Cyngen, 9th century

GRIGOR ♂
> Goeg, = bod yn wyliadwrus. Ffurf ar Gregory
> Greek, = to be watchful. Form of Gregory

GRISIAL ♀
= crystal

GRONGAR ♂
Cerdd gan John Dyer 'Grongar Hill', yn Sir Gaerfyrddin
cron = round + caer = fort
A poem, 'Grongar Hill' in Carmarthenshire by John Dyer

GRONW, GRONO ♂
Goronwy
Gronw ap Tudur o Fôn, –1331
Gronw Pebr, cariad Blodeuwedd, arglwydd Penllyn yn y
Mabinogi
Gronw ap Tudur o Fôn, –1331
Gronw Pebr, lover of Blodeuwedd, lord of Penllyn in the
Mabinogion

GRUFF ♂
Gruffudd

GRUFFUDD ♂
grip = cryf + udd =arglwydd
Gruffudd ap Llywelyn, –1063, brenin Gwynedd a
Phowys a Chymru
Gruffudd ap Cynan, 1055–1137, brenin Gwynedd
Gruffudd ap Llywelyn, –1244, tywysog Gogledd
Cymru, mab Llywelyn Fawr, tad Llywelyn II

grip = strong + udd = lord
Gruffudd ap Llywelyn, –1063, king of Gwynedd and
Powys and Wales
Gruffudd ap Cynan, 1055–1137, king of Gwynedd
Gruffudd ap Llywelyn, –1244, prince of North Wales,
son of Llywelyn the Great, father of Llywelyn II

GRUFFYDD ♂
Gruffudd
Gruffydd Robert, c.1522–1610, bardd, offeiriad,
gramadegydd
Gruffydd Robert, c.1522–1610, poet, clergyman,
grammarian

GRUG ♀
= heather

GRUGWYN ♂
grug = heather + gwyn = white

GURNOS ♂
Gurnos, Ystalyfera

GURWEN ♀
Gwauncaegurwen, Morgannwg
Gwauncaegurwen, Glamorgan

GUTO ♂
Ffurf anwes ar Gruffudd
Guto'r Glyn, 1440–93, bardd
Guto Nyth Brân (Griffith Morgan, 1700–37), rhedwr a
gladdwyd yn Llanwynno, Morgannwg
Affectionate form of Gruffudd
Guto'r Glyn, 1440–93, poet
Guto Nyth Brân (Griffith Morgan, 1700–37), runner,
buried at Llanwynno, Glamorgan

GUTUN ♂
Gutyn, Gruffudd
Ffurf anwes ar Gruffudd
Gutun Owain, Gruffudd ap Huw ab Owain, uchelwr,
ysgolhaig, bardd, ger Croesoswallt, 15fed ganrif
Affectionate form of Gruffudd
Gutun Owain, Gruffudd ap Huw ab Owain, nobleman,
scholar, poet of Oswestry region, 15th century

GUTYN ♂
Gutun

GWAIR ♂ GWAIR ♀
Marchog yn y chwedl Arthuraidd
= hay
A knight in Arthurian legend

GWALCHGWYN ♂
Gawain

gwalch = falcon + gwyn = white

GWALCHMAI ♂
Gawain

Gwalchmai ap Gwyar, enwir yn *Breuddwyd Rhonabwy*
Gwalchmai ap Meilyr, *fl.* 1130–80, bardd o Fôn, un
o'r Gogynfeirdd cynharaf, bardd i Owain, Tywysog
Gwynedd
Gwalchmai, Môn

gwalch = falcon + mai = flat land
Gwalchmai ap Gwyar, mentioned in *Dream of Rhonabwy*
Gwalchmai ap Meilyr, *fl.* 1130–80, poet from Anglesey,
one of the earliest poets of the princes, poet to Owain,
prince of Gwynedd
Gwalchmai, Anglesey

GWALIA ♀
= Wales

GWALLTER ♂
> Hen Almaeneg, Waldhar; vald = arglwyddiaeth + harja
= pobl. Cyfateb i Walter
Gwallter Mechain, enw barddol Walter Davies, 1761–
1849, offeiriad, bardd, hynafiaethydd
> Old German, Waldhar; vald = rule, + harja = people.

Equivalent of Walter
Gwallter Mechain, bardic name of Walter Davies, 1761–
1849, clergyman, poet, antiquarian

GWANWYN ♂ GWANWYN ♀
= Spring

GWARWEN ♀
gwar = nape + gwen = white

GWATCYN ♂
Watcyn

GWAUN ♂
= heath

GWAUNLI ♀
gwaun = heath + lli = stream

GWAWL ♂ GWAWL ♀
Gwawl ferch Coel, gwraig (neu fam) Cunedda Wledig
Y gŵr y mae'n rhaid i Riannon briodi yn erbyn ei
hewyllys yn y *Mabinogi*
= light
Gwawl ferch Coel, wife (or mother) of Cunedda Wledig
The man Rhiannon must marry against her will in the
Mabinogion

GWAWN ♀
= gossamer

GWAWR ♀ GWAWR ♂
Merch Brychan, mam Llywarch Hen, *fl.* 500
Gwraig Elidir Lydanwyn, *c.*490
Gwawr ferch Ceredig, gwraig Glywys
Gwawr ap Llywarch Hen
= dawn
Daughter of Brychan, mother of Llywarch Hen, *fl.* 500
Wife of Elidir Lydanwyn, *c.*490
Gwawr ferch Ceredig, wife of Glywys
Gwawr ap Llywarch Hen

GWAWRWEN ♀
gwawr = dawn + gwen = white

GWEFRIG ♂
Nant ym Mhoyws
A stream in Powys

GWEIRFYL ♀
Gwerfyl

GWEIRYDD ♂
Brawd Gwalchmai

Gweirydd ap Rhys, enw barddol Robert John Pryse, 1807–89, hanesydd, bardd o Fôn
Brother of Gwalchmai
Gweirydd ap Rhys, bardic name of Robert John Pryse, 1807–89, historian, poet from Anglesey

GWEIRYL ♀
Gwerfyl

GWEN ♀
Gwen ferch Brychan
Gwen ferch Cunedda Wledig
= white, blessed

GWÊN ♂
Yr olaf o bedwar mab ar hugain Llywarch Hen
= smile
The last of the twenty-four sons of Llywarch Hen

GWENALLT ♂

D. Gwenallt Jones, 1899–1968, un o feirdd mwya'r 20fed ganrif, o'r Alltwen, Morgannwg
gwen = white + allt = hill
D. Gwenallt Jones, 1899–1968, one of the greatest poets of 20th century, from Allt-wen, Glamorgan

D. Gwenallt Jones

GWENAN ♀

Gwen, Gwennan

GWENAU ♂

= smiles

GWENDA ♀

Ffurf anwes ar Gwendolen
gwen = white + da = good
Affectionate form of Gwendolen

GWENDOLEN, GWENDOLYN ♀

# Gwenddoleu, Gwen
gwen = white + ? dolen = link

GWENDOLENA ♀

Gwendolen

GWENDRAETH ♀

Enw dwy afon yn Sir Gaerfyrddin
Name of two rivers in Carmarthenshire

GWENDDOLAU ♂
GWERNDDOLAU ♀

Gwenddoleu, Gwendolen
Enw sant a noddwr Myrddin
Pennaeth yn yr Hen Ogledd, 6ed ganrif
Saint's name protector of Merlin
A chief in the north of Britain, 6th century

GWENDDYDD ♀

Chwaer neu fam Myrddin Emrys, 6ed ganrif
Santes a merch Brychan, cysylltiedig â Chapel Gwenddydd, Nyfer
gwen = white + dydd = day
Sister or mother of Myrddin Emrys, 6th century
Saint and daughter of Brychan, associated with Capel Gwenddydd, Nevern

GWENEIRA ♀
gwen = white + eira = snow

GWENER ♀
= Friday, Venus

GWENETH ♀
# Gwenith
gwen = white + geneth
= girl

GWENEURYS ♀
gwen = white + Eurys

GWENFAIR ♀
gwen = blessed + Mair = Mary

GWENFIL ♀
Gwenfyl

GWENFOR ♀
gwen = white + mawr = great

Gwener = Venus

GWENFREWI ♀
Gwenfrewi ferch Brychan, santes o'r 7fed ganrif a
gysylltir â gogledd-ddwyrain Cymru. Perthyn i Beuno.
Seisnigwyd yn Winifred. Dydd Gŵyl, 3 Tachwedd.
Cysylltir â Threffynon
Gwenfrewi ferch Brychan, saint of 7th century,
associated with north-east Wales.Related to Beuno.
Anglicised as Winifred. Feast Day, 3 November.
Associated with Holywell

GWENFRON ♀
gwen = white + bron = breast

GWENFYL ♀
Merch Brychan, cysylltiedig â Chapel Gwenfyl,
Ceredigion
A daughter of Brychan, associated with Capel Gwenfyl,
Ceredigion

GWENFFRWD ♀
Enw barddol Thomas Lloyd Jones, 1810–34
gwen = white + ffrwd = stream
bardic name of Thomas Lloyd Jones, 1810–34

GWENHWYFAR ♀
Geinor, Gwen

= ysbryd golau, santaidd neu Gwen yr un fawr
Gwraig Arthur yn y chwedlau. Seisnigwyd yn Jennifer
= fair, holy spirit or Gwen the great
Wife of Arthur in the legends. Anglicized as Jennifer

GWENIFER ♀
Gwenhwyfar

GWENITH, GWENYTH ♀
Gwen + terfyniad, neu gwenith
Gwen + suffix, or 'wheat'

GWENLAIS ♀
gwen = white + llais = voice or glais = stream

GWENLLI ♀
Man ger Post Mawr, Ceredigion
gwen = white + lli = stream
Place near Synod Inn, Ceredigion

GWENLLÏAN ♀
Gwenllïan ferch Gruffudd ap Cynan ac Angharad, mam
yr Arglwydd Rhys yn y 12fed ganrif; arweiniodd gyrch
yn erbyn y Normaniaid yng Nghydweli, a chael ei lladd
1136. Maes Gwenllïan heddiw
Gwenllïan ferch Owain Gwynedd

gwen = white + lliant = a stream, flow
Gwenllïan ferch Gruffudd ap Cynan and Angharad,
mother of Lord Rhys in 12th century; led attack
on Normans in Cydweli and was killed 1136. Maes
Gwenllïan today

GWENLLIANT ♀
Gwenllïan
Cymeriad yn *Culhwch ac Olwen*
Character in *Culhwch and Olwen*

GWENLLIW ♀
gwen = white + lliw = colour

GWENLYN ♂
Gwenlyn Parry, 1932–91, dramodydd
gwen =white + glyn = vale or lyn from Luned
Gwenlyn Parry, 1932–91, playwright

GWENNAN ♀
Gwennan
Merch Brychan
gwen = white + nant = a stream
Daughter of Brychan

GWENNANT ♀
gwen = white + nant = stream

GWENNAUL ♀
gwen = white + ?

GWENNO ♀
Ffurf anwes ar Gwen
An affectionate form of Gwen

GWENNOL ♀
= a swallow

GWENNYS ♀
? gwen = white + ynys = island

GWENOG ♀
Santes, cysylltiedig â Llanwenog, Ceredigion
Saint, associated with Llanwenog, Ceredigion

GWENOGFRYN ♂
John Gwenogfryn Evans, 1852–1930, gweinidog
Undodaidd, ysgolhaig o Lanwenog, Ceredigion
gwenog = smiling + bryn = hill
John Gwenogfryn Evans, 1852–1930, Unitarian
minister, scholar of Llanwenog, Ceredigion

GWENT ♂
De-ddwyrain Cymru
South–east Wales

GWENYDD ♀
= awen, llawenydd
= muse, joy

GWENYNEN ♀
Gwenynen Gwent, Arglwyddes Llanofer, 1802–96
= bee
Gwenynen Gwent, Lady Llanover, 1802–96

GWERFUL, GWERFYL ♀
Gwerfyl, Gweiryl, Gweirfyl, Gweurfyl
Gwerful Goch, merch Cynan ab Owain Gwynedd
Betws Gwerful Goch, Meirionnydd
Un o gariadon Hywel ab Owain Gwynedd, bardd o'r
12fed ganrif
Gwerful Mechain, bardd o Bowys, 15fed ganrif
Gwerful Goch, daughter of Cynan ab Owain Gwynedd
One of the lovers of Hywel ab Owain Gwynedd, poet
12th century
Gwerful Mechain, poet from Powys, 15th century

GWERN ♂
Mab Branwen a Matholwch, yn y *Mabinogi*
= alder
Son of Branwen and Matholwch in the *Mabinogion*

GWERNAN ♀
Gwernen

GWERNEN ♀ GWERNEN ♂
Un o ferched Dôn
Gwernen fab Clyddno, bardd 13eg ganrif
One of the daughters of Dôn
Gwernen fab Clyddno, 13th century poet

GWERNFAB ♂
= son of Gwern

GWERNFYL ♀
Gwern

GWERNOS ♂
Gwern

GWERNYDD ♂
Gwern

GWESTYL ♂

GWESYN ♂
Afon ym Mhowys
Abergwesyn

River in Powys
Abergwesyn

GWEUNYDD ♂ GWEUNYDD ♀
gwaun = moor

GWEURFYL ♀
Gweurfyl ferch Owain Cyfeiliog

GWEURIL ♂ GWEURIL ♀
Gwerfyl

GWGAN ♂
Gwgon
Gwgan fab Meurig, −871, brenin Ceredigion
Gwgan fab Meurig, −871, king of Ceredigion

GWILI ♂
Gwilym
Afon yn Nyfed yn llifo i afon Tywi
Abergwili
Enw barddol John Gwili Jenkins, 1872–1936,
archdderwydd, diwinydd, llenor
River in Dyfed, flowing into Tywi
Abergwili
Bardic name of John Gwili Jenkins, 1872–1936,
archdruid, theologian, writer

GWILMA ♀
Gwilym

GWILYM ♂
> Hen Almaeneg, Willahelm, vilja = ewyllys + helma =
helm; Saesneg, William
Gwilym Ddu o Arfon, *fl.* 1280–1320, bardd
Gwilym Hiraethog, 1802–83, enw barddol William
Rees, gweinidog, awdur, arweinydd gwleidyddol
> Old German, Willahelm, vilja = will + helma =
helmet; English, William
Gwilym Ddu o Arfon, *fl.* 1280–1320, poet
Gwilym Hiraethog, 1802–83, bardic name of William
Rees, author,minister and political leader

GWION ♂
Gwion ap Cyndrwyn
Enw Taliesin yn ei fachgendod, a mab Ceridwen, yn
chwedl *Taliesin*
Milwr a aeth i Gatraeth (gw. Aneirin)
Taliesin's name in his youth, and son of Ceridwen, in
tale of *Taliesin*
Soldier who went to Catraeth (Catterick) (v. Aneirin)

GWLADWEN, GLADWEN ♀
gwlad = country + gwen = white, blessed

GWLADYS, GWLADUS ♀
Gwladus
Gall fod yn fenywaidd Gwledig = llywodraethwr
Tybir mai Cymraeg (Gwladys) yw Claudia yn 2 Tim.
iv.:21
Gwladys Ddu, *fl.* 1250, merch Llywelyn Fawr
Could be feminine of Gwledig = ruler
Claudia in 2 Tim. iv.:21 is thought to be a Welsh woman
(Gwladys)
Gwladys Ddu, *fl.* 1250, daughter of Llywelyn Fawr (du
= black)

GWLITHEN ♀
= dewdrop
Nant ger Trefeca, Powys
Stream near Trefeca, Powys

GWLITHYN ♂
= dewdrop

GWRGAN ♂
Gwrgant, Gwrgain
Gwrgan Farfdrwch, mab Beli
Gwrgan ap Bleddyn, tywysog ym Mrycheiniog, 11eg
ganrif

gŵr = man + ? can = bright
Gwrgan Farfdrwch (thick beard), son of Beli
Gwrgan ap Bleddyn, Prince in Breconshire, 11th century

GWRGANT ♂
Gwrgan
Gwrgant Mawr, brenin olaf Erging (de swydd Henffordd) 6ed ganrif
Gwrgant ab Ithel, *fl.* 994, tywysog Morgannwg
Gwrgant Mawr, last king of Erging (south Herefordshire) 6th century
Gwrgant ab Ithel, *fl.* 994, prince of Glamorgan

GWRGENAU ♂
gŵr = man + cenau = cub

GWRGI ♂
Gwrgi Drahawg
gŵr = man + ci = dog
Gwrgi Drahawg (the arrogant)

GWRI ♂
Enw a roddodd Teyrnon ar Pryderi pan oedd ar goll, yn chwedlau'r *Mabinogi*
Name given to Pryderi by Teyrnon, when Pryderi was lost, *Mabinogion* tales

GWRIEN ♂
Milwr a fu farw yng Nghatraeth
A warrior who died at Catraeth (Catterick)

GWRIL ♂
Llwyngwril, pentref ym Meirionnydd
llwyn = bush + Gwril, a personal name
Llwyngwril, a village in Merionethshire

GWRION ♂
Gwydion

GWRLAIS ♂
Gorlois
gŵr + ? llais = voice

GWRON ♂
Un o'r beirdd cynharaf yn ôl traddodiad
Gwron ap Cunedda Wledig
= hero
One of the oldest bards according to tradition

GWRTHEYRN ♂

= tywysog mawr
Brenin y Brythoniaid a wrthwynebai'r Rhufeiniaid.
Beiïr ef am ddod â'r Saeson i Brydain. 5ed ganrif
Vortigern yn Saesneg
Nant Gwrtheyrn, Gwynedd
= great prince
Chief of Britons who opposed the Romans. He is
blamed for bringing the English into Britain. 5th
century. Vortigern in English
Nant Gwrtheyrn, Gwynedd

GWYDION ♂

Gwydion fab Dôn, swynwr a greodd Flodeuwedd o
flodau yn *y Mabinogi*
Caer Gwydion = Milky Way
Gwydion fab Dôn, magician who created Blodeuwedd
from flowers in the *Mabinogion*

GWYDIR, GWYDYR ♂

Gwedir, Gwydr

GWYDOL ♂

Gwidolwyn ·
Abergwydol, Sir Drefaldwyn
= zest
Abegwydol, Montgomeryshire

GWYDDELAN ♀

> Gwyddel
Santes gysylltiedig â Dolwyddelan, Gwynedd
> Gwyddel = Irishman
Saint associated with Dolwyddelan, Gwynedd

GWYDDFID ♀

= honeysuckle

GWYDDNO ♂

= enwog am wybodaeth
Gwyddno Garanhir, rheolwr Cantre'r Gwaelod a
foddwyd trwy ddiofalwch Seithennyn
= famed for knowledge
Gwyddno Garanhir, ruler of Cantre'r Gwaelod which
was drowned owing to Seithennyn's negligence

GWYDDON ♂

Gwyddon Ganhebon, dyfeisydd cerddoriaeth leisiol
philosopher
Gwyddon Ganhebon, inventor of vocal music

GŴYL ♀

Gŵyl ferch Endawd, sonnir amdani yn y Trioedd
= bashful
Gŵyl ferch Endawd, mentioned in the Triads

GWYLAN ♀
= seagull; gwyl = bashful

GWYLFA ♂ GWYLFA ♀
Enw barddol Richard Gwylfa Roberts, 1871–1935,
gweinidog a bardd
= a watching-place or gŵyl = festival
Bardic name of Richard Gwylfa Roberts, 1871–1935,
minister and poet

GWYLFAB ♂
gwyl = modest + mab + son

GWYLFAI ♂ GWYLFAI ♀
gŵyl = festival + Mai = May

GWYLON ♂
gŵyl = festival or watch

GWYN ♂
Gwynedd
Gwyn ap Nudd, duw chwedlonol yr awyr, brenin Annwn
Sant cysylltiedig â Phumsaint
= white, blessed, fair
Gwyn ap Nudd, legendary god of sky, king of Annwn,
the otherworld
A saint associated with Pumsaint

GWYNALLT ♂
# Gwenallt
gwyn = white, fair + allt = hill

GWYNAN ♂
gwyn = white

GWYNANT ♂
Nant Gwynant, Gwynedd
gwyn = white + nant = stream
Nant Gwynant, river in Gwynedd

GWYNDAF ♂
Sant cynnar
Gwyndaf Evans, 1913–86, bardd ac archdderwydd
An early saint
bardic name of, Gwyndaf Evans, 1913–86, poet and
archdruid

GWYNDRAETH ♂
# Gwendraeth
gwyn = white + traeth = beach

GWYNEDD ♂
Hen deyrnas gogledd-orllewin Cymru
Old kingdom of north west Wales

GWYNEIRA ♀
# Gweneira
gwyn = white + eira = snow

GWYNETH ♀
gwyn = white + geneth = girl or from Gwynedd or
gwynaeth = felicity, bliss

GWYNFA ♀
paradise

GWYNFAI ♂
gwyn = white + mai = field, plain

GWYNFE ♂
Beriah Gwynfe Evans, 1848–1927, newyddiadurwr,
dramodydd, cenedlaetholwr
Gwynfe, Sir Gaerfyrddin
Beriah Gwynfe Evans, 1848–1927, journalist,
playwright, nationalist
Gwynfe, Carmarthenshire

GWYNFI ♂
Afon
Abergwynfi, Morgannwg
River
Abergwynfi, Glamorgan

GWYNFIL ♂
Plwyf yng Ngheredigion
A parish in Ceredigion

GWYNFOR ♂
Gwynfor Evans, llywydd
Plaid Cymru, 1945–81
gwyn = white + mawr = great
Gwynfor Evans, president of Plaid
Cymru, 1945–1981

Gwynfor Evans

GWYNFRYN ♂
Man ar safle Tŵr Llundain a enwir yn y *Mabinogi*
gwyn = white + bryn = hill
A place on the site of the Tower of London, mentioned
in the *Mabinogion*

GWYNHAF ♂
gwyn = white + haf = summer

GWYNHEFIN ♂
gwyn = white + hefin = summer, sunny

GWYNLAIS ♂
Tongwynlais, Morgannwg
gwyn = white + clais = stream or llais = voice
Tongwynlais, Glamorgan

GWYNLI ♂
gwyn = white + lli = stream

GWYNLLYW, GWYNLLIW ♂
Gwynllyw Farfog, sant, *fl.* 500, brenin Gwynllwg,
Gwent, mab Glywys, tad Cadog a Guaul, merch Ceredig
ap Cunedda
Gwynllyw Farfog (bearded), saint, *fl.* 500, king of
Gwynllwg, Gwent, son of Glywys, father of Cadog and
Guaul, daughter of Ceredig ap Cunedda

GWYNN ♂
Gwyn
T. Gwynn Jones, 1971–1949, bardd a llenor
T. Gwynn Jones, 1971–1949, author and poet

GWYNNO ♂
Sant cysylltiedig â Llanwynno, Morgannwg, a
Phumsaint a Llanpumsaint, Sir Gaerfyrddin
A saint associated with Llanwynno, Glamorgan and
Pumsaint and Llanpumsaint, Carmarthenshire

GWYNOGFRYN ♂
Gwenogfryn

GWYNON ♀
Afon yn Sir Gaerfyrddin
A river in Carmarthenshire

GWYNORA ♀
Ffurf fenywaidd ar Gwynoro
Feminine form of Gwynoro

GWYNORO ♂
Sant cynnar, un o bum sant Llanpumsaint a Phumsaint,
Sir Gaerfyrddin
Enw barddol John Gwynoro Davies, 1855–1935,
gweinidog, gwladgarwr
Early saint, one of five saints of Llanpumsaint and
Pumsaint, Carmarthenshire
Bardic name of John Gwynoro Davies, 1855–1935,
minister, patriot

GWYNSUL ♂
gwyn = white, blessed + Sul = Sunday

GWYRFAB ♂
Gŵyr = Gower + mab = son

GWYRFAI ♂
Afon yng Ngwynedd
River in Gwynedd

GWYROSYDD ♂
Enw barddol Daniel James 1847–1920, bardd
poblogaidd o Abertawe
Gŵyr = Gower + rhos = heath
Bardic name of Daniel James 1847–1920, popular poet
of Swansea

GYFFIN ♂
Afon ger Conwy
A river near Conwy

HAF ♀
= summer

HAFGAN ♂
Brenin Annwn
haf = summer + cân = song
King of the Otherworld

HAFINA ♀
Ffurf anwes ar Haf
Affectionate form of Haf

HAFREN ♀
> Lladin, Sabrina, duwies afon Geltaidd
Afon a Môr Hafren
> Latin Sabrina, Celtic river goddess
River Hafren = Severn

HAFWEN ♀
haf = summer + gwen = white

HAFWYN ♂

haf = summer + gwyn = white

HANNA ♀

Anna, Hannah

HARRI ♂

> Lladin, Henricus,
Saesneg, Henry
Harri Tudur, 1457–
1509, daeth i goron
Lloegr trwy ennill
Brwydr Bosworth dros y
Cymry, 7 Awst, 1485
Harri Webb, 1920–94, bardd

Harri Gwynn

> Latin Henricus, English Henry
Henry VII, became king of England by winning Battle
of Bosworth on behalf of the Welsh, 7 August 1485
Harri Webb, 1920–94, poet

HAWEN ♀

Afon ger Llangrannog, Ceredigion
River near Llangrannog, Ceredigion

HAWYS, HAWIS ♀

Hawystl

= gwystl neu > Hen Almaeneg Hadewidis, hathu =
brwydr + vid = llydan
Un o gariadon y bardd-dywysog Hywel ab Owain
Gwynedd yn y 12fed ganrif
= hostage or > Old German Hadewidis, hathu = battle +
vid = wide
One of the loves of poet-prince Hywel ab Owain
Gwynedd in the 12th century

HAWYSTL ♀

Hawys
Santes, merch Brychan, 5ed ganrif
Saint, daughter of Brychan, 5th century

HEBOG ♂

= hawk

HEDYDD ♂ HEDYDD ♀

= skylark

HEDYN ♂

Ehedyn
> Eidyn, Eiddyn (lle)
Sonnir amdano yn y Trioedd
> Eidyn, Eiddyn (place)
Mentioned in the Triads

HEDD ♂

Hedd ap Dôn
Hedd Wyn, 1887–1917,
enw barddol Ellis
Humphrey Evans,
bugail o Drawsfynydd
a laddwyd yng Nghefn
Pilkem, Fflandrys,
heb gael ei gadair yn
Eisteddfod Genedlaethol
Penbedw, 1917

Hedd Wyn

= peace
Hedd Wyn, 1887–1917, bardic
name of Ellis Humphrey Evans,
a shepherd from Trawsfynydd who was killed
at Pilkem Ridge, Flanders winning the chair
posthumously at Birkenhead National Eisteddfod,
1917

HEDDUS ♂
HEDDUS, HEDDYS ♀
# Hedd
hedd = peace .

HEDDWEL ♂
hedd = peace + ? gweld = to see

HEDDWEN ♀
hedd = peace + gwyn = white

HEDDWYN ♂
hedd = peace + gwyn = white

HEFEYDD ♂
Hefeydd Hen, tad Rhiannon yn y *Mabinogi*
Hefeydd Hen, father of Rhiannon in the *Mabinogion*

HEFIN ♂
= summer, sunny; Mehefin = June

HEFINA ♀
hefin = summer, sunny

HEIDDWYN ♂
Heddwyn

HEILIN ♂
Heilin ap Brychan, sant cysylltiedig â Chapel Heilin,
Môn
Heilin Fardd, *fl.* 15fed ganrif
hael= generous
Heilin ap Brychan, saint associated with Capel Heilin,
Anglesey
Heilin Fardd, poet, *fl.* 15th century

HEILYN ♂

Heilyn fab Gwyn Hen, un o'r saith a ddihangodd o'r frwydr yn Iwerddon yn y *Mabinogi*
= wine pourer, waiter
Heilyn fab Gwyn Hen, one of the seven who escaped from the battle in Ireland in the *Mabinogion*

HEINI ♂ HEINI ♀

Heini fab Nwython, milwr a aeth i Gatraeth (gw. Aneirin)
= sprightly, active
Heini fab Nwython, soldier who went to Catraeth (Catterick) (v. Aneirin)

HEININ ♂

Bardd a fu'n ymryson yn erbyn Taliesin, yn chwedl *Taliesin*. Bardd yn Llancarfan, *fl.* 520–560
Poet who contested against Taliesin, in tale of *Taliesin*. Poet at Llancarfan, *fl.* 520–560

HELEDD ♀

Heledd ferch Cyndrwyn, chwaer Cynddylan ap Cyndrwyn, tywysog ym Mhowys yn y 7fed ganrif; mynega cerddi a gyfansoddwyd tua 850 ei theimladau ar farwolaeth Cynddylan
Heledd ferch Cyndrwyn, sister of Cynddylan ap Cyndrwyn, prince in Powys in 7th century; poems composed around 850 express her feelings at the death of Cynddylan.
Ynysoedd Heledd = Hebrides

HELEN ♀

Elen

HELI ♂

Beli
Tad Lludd, Llefelys, Nynniaw a Caswallon
Father of Lludd, Llefelys, Nynniaw and Caswallon

HENIN, HENNIN ♂

Hennin
Hennin Henben, tad Garwen, sonnir amdano yn *Englynion y Beddau*
Hennin Henben, father of Garwen, mentioned in the *Stanzas of the Graves*

HENRI ♂

> Henry
Henri ap Cadwgon

HERGEST ♂

Lle ym Mhowys. Mae *Llyfr Coch Hergest,* tua 1400, yn cynnwys llawer o gerddi a rhyddiaith gynnar Gymraeg
A place in Powys. *The Red Book of Hergest,* around 1400, contains much early Welsh verse and prose

HERMON ♂

Enw capeli a phentrefi yn Sir Fôn, Sir Gaernarfon, Ceredigion a Sir Benfro
Mynydd Hermon, rhwng Syria a Libanus
Name of chapels and villages in Anglesey, Carmarthenshire, Ceredigion and Pembrokeshire
Mount Hermon, between Syria and Lebanon

HEULFRYN ♂

haul = sun + bryn = hill

HEULWEN ♀

= sunshine

HEULWYN ♂

Ffurf wrywaidd ar Heulwen
Masculine form of Heulwen

HEULYN ♂

= ray of sun

HININ ♂

Bardd, 1360?–1420?
Poet, 1360?–1420?

HIRAEL, HIRAL ♂

hir = long + ael = brow

HIRAETHOG ♂

Ardal yng Nghlwyd
gw. Gwilym Hiraethog a Gruffudd Hiraethog
Area of Clwyd
v. Gwilym Hiraethog and Gruffudd Hiraethog

HIRWEN ♀

hir = long + gwen = white

HOEN ♀

= passion

HOPCYN ♂

Hopgyn
> terfyniad Fflemeg
Hopcyn ap Tomos, *c.*1330–1410?, uchelwr o Ynysforgan, Morgannwg, mab Tomos ab Einion, noddwr beirdd
>Flemish ending, anglicized as Hopkin
Hopcyn ap Tomos, *c.*1330–1410?, nobleman from

Ynysforgan, Glamorgan, son of Tomos ab Einion, patron of bards

HOW ♂
Howel

HOWEL ♂
Hywel
Howel mab Emyr Llydaw, nai i Arthur
Howel Harris, 1714–73, un o arweinwyr y Diwygiad Methodistaidd
Howel son of Emyr Llydaw (Brittany), nephew of Arthur
Howel Harris, 1714–73, one of the leaders of the Methodist Revival

HUAIL ♂
Mab Caw, milwr dewr o'r 5ed ganrif, lladdwyd gan Arthur yn Rhuthun
Son of Caw, a brave warrior of the 5th century, killed by Arthur at Rhuthun

HUANA ♀
huan = haul
Mam Rhodri Morgan, Prif Weinidog Cymru
huan = sun
Mother of Rhodri Morgan, First Minister of Wales

HUNYDD ♀
Hunydd ferch Brychan
Hunydd ferch Brân
Cariad i Hywel ab Owain Gwynedd yn y 12fed ganrif
Love of Hywel ab Owain Gwynedd in the 12th century

HUW ♂
> Hen Almaeneg Hugi, hugu = meddwl, calon
Huw Cae Llwyd, *fl.* 1431–1504, bardd o Landderfel, Meirionnydd
Huw Ceiriog, *fl.* 1560–1600, bardd
> Old German Hugi, hugu =mind, heart
Huw Cae Llwyd, *fl.* 1431–1504, poet from Llandderfel, Merionethshire
Huw Ceiriog, *fl.* 1560–1600, poet

HUWCYN ♂
Ffurf anwes ar Huw
Affectionate form of Huw

HWFA ♂
Hwfa ap Cynddelw o Ynys Môn, stiward i Owain Gwynedd
Hwfa ap Cynddelw from Anglesey, steward to Owain Gwynedd

HWMFFRE ♂
Wmffre
> Hen Saesneg Hunfrith, Huni = cawr + frith = heddwch; Saesneg Humphrey
> Old English, Hunfrith, Huni = giant + frith = peace; English Humprhey

HYDREF ♀
= October, autumn

HYLWEN ♀
? Hywel + gwen = white

HYWEL ♂
Hywel ap Emyr Llydaw
Hywel Dda, –950, rheolwr Cymru oll, casglwr y cyfreithiau Cymreig
Hywel ab Owain Gwynedd, –1170, tywysog a bardd
= eminent, prominent
Hywel Dda = Hywel the Good, ruler of all Wales, collector of the Welsh laws
Hywel ab Owain Gwynedd, –1170, prince and poet

Hywel Teifi Edwards

HYWELA ♀
Hywel

HYWELFRYN ♂
hywel = prominent + bryn = hill

HYWELIS ♀
Ffurf fenywaidd ar Hywel
Feminine form of Hywel

HYWYN ♂
Ffurf anwes ar Hywel
Sant cysylltiedig ag Aberdaron, Gwynedd
An affectionate form of Hywel
Saint associated with Aberdaron, Gwynedd

I

IAGO ♂

> Hebraeg, cyfateb i Jacob neu James
Iago ap Beli, tad Cadfan o Wynedd, 6ed ganrif
Iago ab Idwal Foel, *fl.* 942–79, brenin Gwynedd a
alltudiwyd gan Hywel Dda
Iago ap Idwal ap Meurig, –1039, brenin Gwynedd
> Hebrew, equivalent of Jacob or James
Iago ap Beli, father of Cadfan of Gwynedd, 6th century
Iago ab Idwal Foel, *fl.* 942–79, king of Gwynedd who
was banished by Hywel Dda
Iago ap Idwal ap Meurig, –1039, king of Gwynedd

IANTO ♂

Ffurf anwes ar Ifan, Ieuan neu Iago
An affectionate form of Ifan, Ieuan or Iago

IARLLES ♀

iarlles = countess

IDLOES ♂

Sant cysylltiedig â Llanidloes, Powys
A saint associated with Llanidloes, Powys

IDRIS ♂

Idris Gawr, – 632, swynwr a seryddwr, mab Gwyddno
Garanhir
Cader Idris, mynydd ym Meirionnydd
Idris Gawr, –632, cawr = giant, magician and
astronomer, son of Gwyddno Garanhir
Cader Idris, mountain in Merionethshire

IDRISYN ♂

Idris

IDWAL ♂

Idwallon
Idwal ap Dôn
Idwal Foel, -942, mab Anarawd ap Rhodri Fawr, brenin
Gwynedd
Idwal ab Owain Gwynedd
iud = lord + gwal = ruler
Idwal Foel, –942, son of Anarawd ap Rhodri Fawr, king
of Gwynedd

IDDON ♂

Iddon mab Ynyr Gwent, sant tua 500
Iddon son of Ynyr Gwent, saint around 500

IEMWNT ♂
Iemwn, Edmwnd

IESTYN ♂
> Lladin, Justinus
Sant, 6ed ganrif, cyfoeswr â Dewi
Iestyn ap Gwrgant, *fl.* 1081–93, rheolwr annibynnol olaf
Morgannwg
> Latin Justinus
6th century saint, contemporary of Dewi Sant
Iestyn ap Gwrgant, *fl.* 1081–93, the last independent
ruler of Glamorgan

IESU ♂
> Ffurf Roeg ar Hebraeg Jehoshea (Iosua) = 'Mae Iehofa
yn hael'
> Greek form of Hebrew Jehoshea (Joshua) = 'Jehovah is
generous'. English = Jesus

IEUAF ♂
Ieuaf ab Idwal Foel, cydreolwr Gwynedd a garcharwyd
gan ei frawd Iago, –985
= youngest
Ieuaf ab Idwal Foel, co-ruler of Gwynedd, imprisoned
by his brother Iago, –985

IEUAN ♂
Ifan, Ioan
> Lladin, Ioannes; cyfateb i John, Evan
Ieuan Brydydd Hir, bardd, *fl.* 1450
Ieuan Glan Geirionydd, enw barddol Evan Evans,
1795–1885
Ieuan Gwynedd, enw barddol Evan Jones, 1820–52,
gweinidog, newyddiadurwr
> Latin Ioannes, form of John, Evan
Ieuan Bryddydd Hir, poet, *fl.* 1450
Ieuan Glan Geirionydd, bardic name of Evan Evans,
1795–1885, poet
Ieuan Gwynedd, bardic name of Evan Jones, 1820–52,
minister, journalist

IFAN ♂
Ieuan
> Lladin, Iohannes, trwy'r ffurf dafodieithol Iovannes.
Ffurf ar John, yn ddiweddarach Evan
Ifan ab Owen Edwards, 1895–1970, sefydlydd Urdd
Gobaith Cymru
> Latin Iohannes, through the colloquial Iovannes.
Form of John, later Evan
Ifan ab Owen Edwards, 1895–1970, founder of the Urdd
Youth Movement

IFANNA ♀
Ffurf fenywaidd Ifan
Feminine form of Ifan

IFANWY ♀
Ifanna

IFER ♂

IFON ♂

IFONA ♀
Ifon

IFOR ♂
> Ior neu > Llychlyneg Ivarr
Sant tua 400
Ifor Bach, *fl.* 1188, carcharodd ei arglwydd Normanaidd yng Nghastell Caerdydd
Ifor Hael, prif noddwr Dafydd ap Gwilym, o Fasaleg, Gwent, *fl.* 1340–60
> Ior = *lord* or Norse Ivarr
Saint, around 400
Ifor Bach (small), *fl.* 1188, held his Norman lord captive in Cardiff Castle
Ifor Hael (generous), chief patron of Dafydd ap Gwilym, from Basaleg, Gwent. *fl.* 1340–60

ILAN ♂
Sant cysylltiedig ag Eglwysilan ger Trefforest, Morgannwg
A saint associated with Eglwysilan, near Trefforest, Glamorgan

ILAR ♀ **ILAR** ♂
> Lladin 'hilarus' = llon. Cyfateb i Hilary
Llanilar, Ceredigion
> Latin 'hilarus' = cheerful. Equivalent of Hilary
Llanilar, Ceredigion

ILID ♀
Ilud
Cyfateb i Santes Julitta neu Juliet
Llanilid ym Morgannwg
Equivalent of Saint Julitta or Juliet
Llanilid, Glamorgan

ILON ♂
Ilon Hwylfawr o'r Hen Ogledd
Ilon Hwylfawr (great sail/fun) of the Old North

ILUD ♀
Ilud ferch Brychan

ILLTUD ♂

Sant o Lydaw, 450?–525?, a ddyfeisiodd aradr.
Sefydlodd goleg yn Llanilltud Fawr lle bu Dewi a Gildas
yn ddisgyblion
Saint from Britanny, 450?–525? who invented a plough.
Founded a college at Llanilltud Fawr (Llantwit Major)
where Dewi and Gildas were pupils

INA ♀

Merch Ceredig, cysylltiedig â Llanina, Ceredigion
The daughter of Ceredig, associated with Llanina in
Ceredigion

INDEG ♀

Indeg ferch Arwy Hir, o lys Arthur yn *Culhwch ac
Olwen*, enwog am brydferthwch
Indeg ferch Arwy Hir, of Arthur's court, in *Culhwch ac
Olwen*, famed for beauty

INIGO ♂

> Groeg, Ignatios
Inigo Jones, 1573–1652, pensaer o Lanrwst
> Greek Ignatios
Inigo Jones, 1573–1652, architect from Llanrwst

INIR ♂

Ynyr

IOAN ♂

Ieuan, Siôn
> Lladin, Iohannes >
Hebraeg = 'Mae Duw wedi
breintio'; cyfateb i John
> Latin Iohannes > Hebrew
= 'Jehovah has favoured';
equivalent of John

IOLA ♀

Iolo

Ioan Gruffudd

IOLO ♂

Ffurf anwes ar Iorwerth
Iolo Goch, 1325–1398, bardd o Ddyffryn Clwyd, cyfaill
i Owain Glyndŵr
Iolo Morganwg, enw barddol Edward Williams,
1747–1826, o Drefflemin, saer maen, bardd, ysgolhaig,
hanesydd, crëwr pasiant yr Orsedd
Affectionate form of Iorwerth
Iolo Goch, 1325–1398, poet from Vale of Clwyd, friend
of Owain Glyndŵr
Iolo Morganwg, bardic name of Edward Williams,

1747–1826, from Vale of Glamorgan, mason, poet, scholar, historian, creator of Eisteddfod pageantry

IOLYN ♂
Ffurf anwes ar Iorwerth
Affectionate form of Iorwerth

ION ♂
Ioan
> Ionawr, neu o'r Roeg, mab Apollo, hynafiad yr Ioniaid
> Ionawr = January, or from Greek, son of Apollo, ancestor of the Ionians

IONA ♀
Iona merch Brychan
Ynys Iona, yr Alban
Ionawr = January
Iona daughter of Brychan
Isle of Iona, Scotland

IONAWR ♂ IONAWR ♀
= January

IONOR ♂ IONOR ♀
= January

IONWEN ♀
iôn = lord + gwen = white, blessed

IORATH ♂
Iorwerth

IORI, IORIL ♂
Ffurf anwes ar Iorwerth
Affectionate form of Iorwerth

IORWEN ♀
iôr = lord + gwen = white, blessed

IORWERTH ♂
Iorwerth ap Bleddyn, tywysog Powys, –1111
Iorwerth Drwyndwn, –1174?, mab hynaf Owain Gwynedd
Iorwerth Fynglwyd, *fl.* 1480–1527, bardd o Saint y Brid, Morgannwg
iôr = lord + gwerth = worth
Iorwerth ap Bleddyn, prince of Powys, –1111
Iorwerth Drwyndwn, –1174?, eldest son of Owain Gwynedd
Iorwerth Fynglwyd, *fl.* 1480–1527, poet from St Bride's Major, Glamorgan

IOSEFF ♂
> Hebraeg = 'Boed i Dduw ychwanegu', neu
'Ychwanegodd Duw'
> Hebrew = 'May Jehovah add', or 'Jehovah added'

IRFON ♂
Afon ger Llanfair ym Muallt y lladdwyd Llywelyn ap
Gruffudd ar ei glan, 1282
River near Builth on whose bank Llywelyn ap Gruffudd
was killed, 1282

IRWEDD ♂
ir = fresh + gwedd = appearance

IRWEN ♀
ir = fresh + gwen = white

IRWYN ♂
ir = fresh + gwyn = white

ISAAC ♂
Hebraeg Yitzchak = chwardd
Mab Abraham a Sarah, tad Jacob ac Esau
Hebrew Yitzchak = he will laugh
Son of Abraham and Sarah, father of Jabob and Esau

ISAG ♂
Isaac
Milwr a fu yng Nghatraeth
A warrior who fought at Catreth (Catterick)

ISFAEL ♂
Sant o'r 6ed ganrif, yn Nyfed
6th century saint, from Dyfed

ISFOEL ♂
Enw barddol Dafydd Jones, 1881–1968, bardd o Fferm y
Cilie, Ceredigion
is = under + moel = hill
Bardic name of Dafydd Jones, 1881–1968, poet from
Cilie farm, Ceredigion

ISFRYN ♂
is = under + bryn = hill

ISGOED ♂
is = under + coed = wood

ISLAN ♂
is = under + glan = bank

ISLWYN ♂
Mynydd yng Ngwent
Enw barddol William
Thomas, 1832-78
is = under + llwyn =
grove
Mountain in Gwent
Bardic name of
William Thomas,
1832-78

ISLYN ♂
is = under + glyn = vale

ISNANT ♂
is = under + nant = stream

ITHAEL ♂
Ithel

ITHEL ♂
Ithel ap Ceredig
Ithel ŵyr Emyr Llydaw
Brenin Gwent, −848
Ithel ap Cedifor Wyddel, lladdwyd yn y 12fed ganrif yn
ymladd dros Owain Gwynedd

Islwyn Ffowc Elis

ith = udd = lord + hael = generous
Ithel grandson of Emyr Llydaw
King of Gwent, −848
Ithel ap Cedifor Wyddel (Irishman), killed in 12th
century fighting for Owain Gwynedd

ITHON ♂
Afon ym Mhowys
River in Powys

ITHWEN ♂ ITHWEN ♀
udd = lord + gwen = white, blessed

IWAN ♂
Ifan

IWERYDD ♂ IWERYDD ♀
Iwerydd, mam Brân Galed
Iwerydd, mother of Brân Galed (hard)
Môr Iwerydd = Atlantic Ocean

J

JAC ♂
> Saesneg Jack
Jac Glan-y-gors, sef John Jones, 1766–1821, bardd,
llenor, meddyliwr
 > English Jack
Jac Glan-y-gors, or John Jones, 1766–1821, poet, writer,
thinker

JÊN ♀
Siân

JOSEFF ♂
Ioseff

L

LANDEG ♂
# Glandeg
glân = clean + teg = fair

LAWNSLOD ♂
> Ffurf anwes ddwbl Ffrengig a Hen Almaeneg Lanza,
landa= tir neu > Llydaweg Lancelin, 11eg ganrif
Un o farchogion Arthur; dyfeisiwyd gan Chretien de Troyes
> Double French diminutive and Old German *Lanza,
landa* = land or > Breton Lancelin, 11th century
One of Arthur's knights, invented by Chretien de Troyes

LEFI ♂
> Hebraeg = 'wedi addo' neu 'ei gysylltu'
> Hebrew = 'pledged' or 'attached'

LENA ♀
Elena, Helen

LERI ♀
Ffurf anwes ar Eleri, Teleri, Meleri
Affectionate form of Eleri, Meleri, Teleri

LEUSA ♀
Lisa

LEWIS ♂
Lewys, Llywelyn
Lewis Glyn Cothi, *fl.* 1450–86, bardd
Lewis Glyn Cothi, *fl.* 1450–86, poet

LEWSYN ♂
Ffurf anwes ar Lewys
Lewsyn yr Heliwr, Lewis Lewis, 1793–?, un o derfysgwyr Merthyr, 1831
Affectionate form of Lewys
Lewsyn yr Heliwr, Lewis Lewis, 1793–?, one of the Merthyr rioters, 1831

LEWYS ♂
> Hen Almaeneg Chlodovech; hloda = clywed + viga = ymladd. Almaeneg Ludwig, Ffrangeg Louis, Saesneg Lewis. Defnyddiwyd fel Seisnigeiddiad o Llywelyn
Lewys Morgannwg, *fl.* 1520–65, bardd
> Old German Chlodovech; hloda = hear + viga = fight. German Ludwig, French Louis, English Lewis. Used as Anglicization of Llywelyn
Lewys Morgannwg, *fl.* 1520–65, poet

LILI ♀
= lily

LILWEN ♀
lili = lily + gwen = white

LISA ♀
Ffurf anwes ar Elisabeth
Affectionate form of Elisabeth

LIWSI ♀
> Saesneg Lucy, Lladin Santes Lucia, santes
> English Lucy, Latin St Lucia

LODES ♀
= maid

LOIS ♀
> Groeg
Mam-gu Timotheus
> Greek
Grandmother of Timothy

LONA ♀
Ffurf anwes ar Moelona neu Maelona
Affectionate form of Maelona or Moelona

LORA ♀
Lowri
> Lladin Laurencia, cyfateb i Saesneg Laura
> Latin Laurencia, equivalent of English Laura

LOWRI ♀
Lora
Mam yr Esgob William Morgan a gyfieithodd y Beibl i'r Gymraeg, 1588
Mother of Bishop William Morgan who translated the Bible into Welsh, 1588

LUC ♂
> Groeg Loukas, Lladin Lucas
> Greek Loukas, Latin Lucas

LUNED ♀
Eluned
Owain a Luned, chwedl ganoloesol
Owain a Luned, medieval tale

Luned Emyr

LYDIA ♀
> Groeg Lydia
Merch Joseff o Nazareth, yn ôl yr Apocryffa
> Greek Lydia
Daughter of Joseph of Nasareth, according to the Apocrypha

LYN ♂ LYN ♀
Ffurf anwes ar Llywelyn a ffurf anwes ar Eluned
Affectionate form of Llywelyn and Eluned

LYNETH ♀
Eluned
> Ffrangeg Lynette > Cymraeg Eluned
> French Lynette > Welsh Eluned

LYNFA ♀
Lyn + -fa TERFYNIAD BENYWAIDD
Lyn + fa FEMININE ENDING

LYNN ♀
Lyn

LYNWEN ♀
Lyn + gwen = white

LL

LLAWEN ♂
Sant, disgybl i Cadfan
Llanllawen ger Aberdaron
= joyful, happy
Saint, pupil of Cadfan
Llanllawen near Aberdaron, Arfon

LLECHID ♀
Llechid ferch Ithel Hael
Santes cysylltiedig â Llanllechid, ger Bethesda,
Gwynedd
Saint associated with Llanllechid, near Bethesda,
Gwynedd

LLEFELYS ♂
Brenin Ffrainc, brawd Lludd yn *Lludd a Llefelys,* chwedl
ganoloesol
King of France, brother of Lludd in *Lludd a Llefelys,*
medieval tale

LLEIAN ♀
Lluan
= nun

LLEISION ♂
Cyfateb i Leyshon
Lleision ap Thomas, *fl.* 1513-41, abad olaf Mynachlog
Nedd
Equivalent of Leyshon
Lleision ap Thomas, *fl.* 1513-41, last abbot of Neath
Abbey

LLELO ♂
Ffurf anwes ar Llywelyn
Llelo Llwyd, bardd serch o'r 16eg ganrif
Affectionate form of Llywelyn
Llelo Llwyd, love poet of 16th century

LLEON ♂
Lleon ap Brutus

LLES ♂
= good, welfare

LLEU ♂
= yr un disglair
Lleu Llaw Gyffes, mab Arianrhod yn y *Mabinogi*. Rhoes Gwydion enw, arfau a gwraig (Blodeuwedd) iddo. Cyfateb i'r duw Gwyddelig Lugh
= light, fair one
Lleu Llaw Gyffes (skilful hand), son of Arianrhod in the *Mabinogion*. Gwydion gave him a name, weapons and a wife (Blodeuwedd). Equivalent of Irish God Lugh

LLEUCU ♀
Lleucu, gwraig Rhiwallon
Un o gariadon Hywel ab Owain Gwynedd, bardd o'r 12fed ganrif
lleu = light
Lleucu, wife of Rhiwallon
One of the loves of Hywel ab Owain Gwynedd, poet of 12th century

LLEUFER ♂
= light

LLEUWEN ♀
lleu = light, gwen = white, blessed

LLEW ♂
Lleu, Llywelyn, Llewelyn
Ffurf anwes ar Llywelyn
Llew Llwyfo, enw barddol Lewis William Lewis, 1831–1901, bardd, nofelydd a newyddiadurwr o Fôn
= lion
Affectionate form of Llywelyn
Llew Llwyfo, Lewis William Lewis, 1831–1901, poet, novelist and journalist from Anglesey

LLEWELA ♀
Llywela

LLEWELFRYN ♂
? Llywel + bryn = hill

LLEWELYN ♂
Llywelyn

LLIAN ♀
Lluan, Gwenllïan
= flaxen, linen

LLIEDI ♂
Afon Lliedi, Sir Gaerfyrddin
River Lliedi, Carmarthenshire

LLIFON ♂
Afon yng Ngwynedd
River in Gwynedd

LLINOR ♀
Elinor

LLINOS ♀
Enw cerddorol Maria Jane Williams, 1795–1873, cerddor
o Aberpergwm, Cwm Nedd
= linnet
Musical name of Maria Jane Williams, 1795–1873,
musician from Aberpwrgwm, Neath valley

LLIO ♀
Ffurf anwes ar Gwenllïan
Canodd Dafydd Nanmor iddi yn y 15fed ganrif
Affectionate form of Gwenllïan
Dafydd Nanmor, poet, sang to her in the 15th century

LLION ♂
Llion Gawr, un o 24 o frenhinoedd mawr
[Caerllion = Caerleon; caer = fort + legonium = of
legions]
Llion Gawr (the Giant), one of 24 great kings

LLIOR ♀

LLIWEN ♀
Afon yn Sir Ddinbych
A river in Denbighshire

LLIWEDD ♂ **LLIWEDD** ♀
Mynydd ger yr Wyddfa
A mountain near Snowdon

LLOER ♀
= moon

LLUAN ♀
Santes, merch Brychan, gwraig Gafran, cysylltiedig â
Llanlluan, Sir Gaerfyrddin, tua 500
Saint, daughter of Brychan, wife of Gafran, associated
with Llanlluan, Carmarthenshire, around 500

LLUDD ♂
Brenin Prydain yn *Lludd a Llefelys,* y chwedl ganoloesol;
mab Beli
King of Britain in *Lludd a Llefelys,* the medieval tale; son
of Beli

LLWYD ♂
Seisnigwyd i Lloyd
= grey, holy
Anglicized as Lloyd
Y Brodyr Llwyd = greyfriars

LLWYFO ♂
Llew Llwyfo, Lewis William Lewis, 1831–1901, bardd,
nofelydd, newyddiadurwr o Fôn
Llew Llwyfo, Lewis William Lewis, 1831–1901, poet,
novelist, journalist of Anglesey

LLYFNI ♂
Afon yng Ngwynedd
Llanllyfni
River in Gwynedd

LLYFNWY ♂

LLYNDAF ♂

LLYNFI ♂
Afon ym Morgannwg, yn llifo i afon Ogwr
River in Glamorgan, flowing into the Ogmore

LLYNOR ♀
? Elinor

LLŶR ♂
Llŷr Llediaith, hen gyndad
Llŷr Marini, tad Caradog Freichfras
Tad Branwen a Bendigeidfran yn y *Mabinogi*
English form = Lear
Llŷr Llediaith ('broad speech'), old ancestor
Llŷr Marini, father of Caradog Freichfras
Father of Branwen and Bendigeidfran in the *Mabinogion*

LLYWARCH ♂
Llywarch Hen, tywysog Brythonig o'r 6ed ganrif, y
canwyd ei hanes tua 850. Cefnder i Urien Rheged, a
mab Gwawr ferch Brachan ac Elidyr Lledanwyn
Llywarch ap Llywelyn, Prydydd y Moch, *fl*. 1173–1220,
bardd
llyw = leader + march = horse
Llywarch Hen, Brythonic prince of 6th century whose
story was recorded in verse around 850. Cousin of Urien
Rheged, and son of Gwawr ferch Brachan and Elidyr
Lledanwyn
Llywarch ap Llywelyn, Prydydd y Moch (Poet of the
Pigs), *fl*. 1173–1220, poet

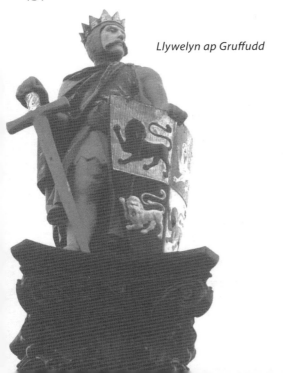

Llywelyn ap Gruffudd

LLYWEL ♂
Sant
Llywel, Brycheiniog
Saint
Llywel, Breconshire

LLYWELA ♀
Llywel, Llywelyn

LLYWELYDD ♂
Llywelyn

LLYWELYN ♂
Llewelyn
Llywelyn ap Iorwerth (Llywelyn Fawr), 1173–1240,
tywysog Gwynedd, tad-cu Llywelyn II
Llywelyn ap Gruffudd (Y Llyw Olaf neu Llywelyn
II), *c.*1225–1282, ystyrir yn dywysog olaf Cymru, ond
dilynwyd ef gan ei frawd Dafydd am ryw chwe mis
llyw = leader + eilyn = likeness?
Llywelyn ap Iorwerth (Llywelyn Fawr), 1173–1240,
prince of Gwynedd, grandfather of Llywelyn II (mawr
= great)
Llywelyn ap Gruffudd (Y Llyw Olaf = the last leader),
*c.*1225–1282, regarded as last prince of Wales (but he
was followed by his brother Dafydd for some six months)

M

MABEN, MABYN ♂
# Mabon
mab = son

MABLI ♀
> Lladin 'amabilis' = caradwy
Cefn Mabli, plas ger Caerdydd
> Latin 'amabilis' = lovable, English form = Mabel
Cefn Mabli, mansion near Cardiff

MABON ♂
Mabyn, Maben
= llanc, Duw Celtaidd
ieuenctid, â sawl allor
iddo yn Ewrop
Tad Teilo, 6ed ganrif
Enw barddol William
Abraham, 1842–1922,
AS y Rhondda,
llywydd cyntaf
Ffederasiwn Glowyr De
Cymru

Mabon

= a youth, Celtic god of youth, with many altars in
Europe
Father of Teilo, 6th century
bardic name of William Abraham, 1842–1922, MP
for Rhondda, first president of South Wales Miners
Federation

MACSEN ♂
> Lladin, Magnus Maximus
Macsen Wledig, arweinydd Rhufeinig a arweiniodd y
Brythoniaid tua 383 yn erbyn Ymerawdwr Gratian yng
Ngâl, a rheoli yng Ngâl, Sbaen a Phrydain
> Latin, Magnus Maximus
Macsen Wledig (ruler), Roman leader who led the
Britons around 383 against Emperor Gratian in Gaul,
and ruled Gaul, Spain and Britain

MACHNO ♂
Afon yng Ngwynedd
Penmachno
River in Gwynedd

MACHRETH, MACHRAITH ♂
Marchraith
Sant cysylltiedig â Llanfachreth, Môn a Meirionnydd
A saint associated with Llanfachreth, Anglesey and
Merionethshire

MADLEN ♂
Modlen, Malen, Magdalen
> Hebraeg, Magdalen = gwraig o Fagdala
> Hebrew, Magdalen = woman of Magdala

MADOG ♂
Sant cynnar, disgybl i Dewi.
Madog ab Owain Gwynedd; darganfu America yn y
12fed ganrif
mad = fortunate
Early saint, pupil of Dewi
Madog ab Owain Gwynedd, discovered America in 12th
century

MADRON ♀
Modron

MADRUN ♀ MADRUN ♂
> Matrona, duwies afon
Merch Gwrthefyr brenin Ynys Prydain yn y 5ed ganrif
Carn Madrun, Llŷn, Caernarfon
Madrun, plas, Caernarfon
Garth Madrun, Talgarth
> Matrona, river goddess
Daughter of Gwrthefyr king of Isle of Britain in 5th
century
Madrun, mansion, Caernarfon

MADRYN ♀
Madrun
Madryn, Llŷn
Carn Fadryn = hillfort in Llŷn

MAEL ♂
Mael ap Cunedda Wledig
= tywysog
= prince

MAELAN ♂ MAELAN ♀
mael = tywysog
Cefn Maelan, fferm ger Dolgellau
mael = prince
Cefn Maelan, farm near Dolgellau

MAELGAD ♂
mael = prince + cad = battle

MAELGWN, MAELGWYN ♂
Maelgwn Gwynedd, –547, gorwyr Cunedda, arweinydd
mwyaf ei ganrif
Maelgwn ab Owain Gwynedd, –1174
mael = prince + cŵn = hounds
Maelgwn Gwynedd, –547, great-grandson of Cunedda,
greatest leader of his century

MAELIENYDD ♂
Rhan ogleddol Sir Faesyfed
Northern part of Radnorshire

MAELOG ♂
Maelog Dda ap Greddyf
mael = prince

MAELON ♂
Cariad Santes Dwynwen
mael = prince
Love of Saint Dwynwen

MAELONA ♀
Maelon

MAELOR ♂
Ardal yng Nghlwyd
Area in Clwyd

MAELORWEN ♀
Maelor + gwen = white

MAELRYS ♂
Ŵyr Ynyr Llydaw, 6ed ganrif
Grandson of Ynyr Llydaw, 6th century
mael = prince + rhys = rushing

MAEN ♂
Maen ap Llywarch Hen
maen = stone

MAENGWYN ♂
maen = a stone + gwyn = white

MAESMOR ♂
maes = field + mawr = great or môr = sea

MAGDALEN ♀
> Hebraeg, gwraig o Fagdala
Mair Magdalen
> Hebrew, a woman of Magdala
Mary Magdalene

MAI ♀
Mai = May

MAIA ♀
Mai
Merch Atlas a Pleione, chwedloniaeth Roeg. Duwies
dda chwedloniaeth Rhufain, a roes yr enw i fis Mai
Daughter of Atlas and Pleione, Greek mythology. The
good goddess of Roman mythology, connected to the
month of May

MAILYS ♀
Mai + llys
Mai = May + llys = plant, flower

MAIWEN ♀
Mai = May + gwen = white, holy

MAIR ♀
> Hebraeg, 'plentyn a ddymunwyd'
> Hebrew, a 'wished-for child'
Mary

Mair

MAIRWEN ♀
Mair = Mary + gwen = white, holy

MAL ♂
Ffurf anwes ar Maldwyn
Affectionate form of Maldwyn

MALDWYN ♂
> Hen Almaeneg Baldavin; balda = dewr, vini = cyfaill
Sir Drefaldwyn o Baldwin, Arglwydd Normanaidd
> Old German Baldavin; balda = bold, vini = friend
Sir Drefaldwyn, Montgomeryshire, from Baldwin, Norman Lord

MALEN ♀
Magdalen

MALI ♀
Mari, Magdalen

MALWYN ♂
Maldwyn

MANAW ♂
Manawydan
Ynys Manaw = Isle of Man

MALLT ♀
> Hen Almaeneg Mahthildis; mahti = nerth + hildi = brwydr. Cyfateb i Matilda, Maud
> Old German Mahthildis; mahti = strength + hildi = battle. Equivalent of Matilda, Maud

MANAWYD ♂
Manawydan

MANAWYDAN ♂
Mab Llŷr, brawd Bendigeidfran, yn y *Mabinogi*
Manaw Gododdin, arfordir Firth of Forth
Ynys Manaw = Isle of Man
Son of Llŷr, brother of Bendigeidfran, in the *Mabinogion*
Manaw Gododdin, coastal area of Firth of Forth

MANOD ♂ MANOD ♀
Mynydd ym Meirionnydd
Mountain in Merionethshire

MANON ♀
manon = queen, paragon of beauty

MANW ♀
Ffurf anwes ar Myfanwy
A shortened form of Myfanwy

MARARAD ♀
Marared, Mererid, Marged

MARARED ♀
Marged
Merch Gruffudd ap
ac Angharad
Daughter of Gruffudd ap Cynan and Angharad

MARC ♂
> Lladin Marcus, ? Mars, duw rhyfel, enw Beiblaidd, yr ail Efengylydd
> Latin Marcus, ? Mars, god of war, Biblical name, the second Evangelist

MARCH ♂
Brenin March, gŵr Esyllt yn chwedl *Trystan ac Estyllt*
March ap Meirchion, un o'r tri llyngesydd
march = stallion
King Mark, husband of Estyllt in the tale *Trystan and Esyllt*
March ap Meirchion, one of the three fleet owners

MARCHELL ♀
Merch Tewdrig, pennaeth Brycheiniog, mam Brychan Brycheiniog
Merch Brychan
Daughter of Tewdrig, chief of Brecon, mother of Brychan Brycheiniog
Daughter of Brychan

MARDY ♂
Maerdy, pentref yng nghwm Rhondda
Maerdy, village in Rhondda valley

MARED, MAREDD ♀
Marged, Mererid

MAREDUDD ♂
Meredydd
Maredudd ab Owain, –998, ŵyr Hywel Dda
Maredudd ap Rhys Gryg, –1271, Tywysog Deheubarth
mawr = great + udd = lord
Maredudd ab Owain, –998, grandson of Hywel Dda
Maredudd ap Rhys Gryg, –1271, prince of south-west Wales

MARGAN ♂
Morgan

MARGED, MARGRED ♀
Margred, Mererid
> Groeg 'margarites' = perl
Marged ferch Ifan, 1696–1801?, tafarnwraig a diddanwraig
> Greek 'margarites' = pearl. Equivalent of Margaret
Marged ferch Ifan, 1696–1801?, tavern keeper and entertainer

MARGIAD ♀
Marged

Ffurf ar Marged yng ngogledd Cymru
Form of Marged in north Wales

MARI ♀
Mair

MARIA ♀
Mair, Mari
Maria James, 1793–1868, bardd
Maria James, 1793–1868, poet

MARIAN, MARION ♀
Ffurf anwes ar Mari
Affectionate form of Mari

MARLAIS ♂
Marles
Gwilym Marlais, ewythr i Dylan Thomas
Enw dwy afon yn Nyfed
mawr = big + clais = ditch, stream
Gwilym Marlais, uncle of Dylan Thomas
Name of two rivers in Dyfed

MARLIS ♂ MARLIS ♀
Marlais

MARLYN ♀
Mair, Mari

MARTEG ♂
Afon ym Mhowys
A river in Powys

MARTYN ♂
> Lladin, Martinus (o Mawrth)
Dafydd Martyn, ŵyr yr Arglwydd Rhys, Esgob Mynyw
1293–1328
> Latin, Martinus (from Mars)
Dafydd Martyn, grandson of Lord Rhys, Bishop of
Menevia 1293–1328

MARTHA ♀
> Aramaeg mar = arglwydd
Martha'r Mynydd, *fl.* 1770, twyllwraig o Lanllyfni
> Aramaic mar = lord
Martha'r Mynydd (mountain), *fl.* 1770, deceiver from
Llanllyfni

MARWENNA ♀
Morwenna
Santes a merch Brychan
A saint and daughter of Brychan

MATI ♀
Matilda

MATH ♂
Math fab Mathonwy, brenin Gwynedd, ffigwr
hanner chwedlonol, hanner duw, y swynwr a greodd
Flodeuwedd gyda Gwydion
Math fab Mathonwy, king of Gwynedd, half god, half
legendary figure, the magician who created Blodeuwedd
with Gwydion

MATHEW ♂
> Hebraeg, 'rhodd Duw'. Enw Beiblaidd, yr Efengylydd
cyntaf
> Hebrew, 'gift of Jehovah'. Biblical name, equivalent of
Matthew

MATHOLWCH ♂
Brenin Iwerddon a briododd â Branwen yn y *Mabinogi*
King of Ireland who married Branwen in the
Mabinogion

MATHONWY ♂ MATHONWY ♀
Tad neu fam Math
Mathonwy Hughes, bardd, 20fed ganrif
Father or mother of Math
Mathonwy Hughes, poet, 20th century

MATHRAFAL ♂
Prif lys rheolwyr Powys tan y 13eg ganrif
The main court of the rulers of Powys until 13th century

MECHAIN ♂
Hen ardal o Bowys
An old district of Powys

MEDEL ♂
Medel ap Llywarch Hen

MEDENI ♀
Medi = September + geni = to be born

MEDI ♀
Medi = Semptember; medi = to reap

MEDLAN ♀
Medlan ferch Cyndrwyn

MEDRAWD ♂
Medrod
Un o farchogion Arthur a fu farw gydag ef ym mrwydr Camlan
medd = own + rhawd = course or host
One of Arthur's knights who died with him in the battle of Camlan

MEDROD ♂
Medrawd
Medrod ap Cawrdar

MEDWEN ♀
Mawdwen, Medwenna, Medwyn

MEDWENNA ♀
Medwen

MEDWYN ♂
Sant Medwyn. Dydd Gŵyl, 1 Ionawr
Saint Medwyn. Feast Day, 1 January

MEFIN ♂ **MEFIN** ♀
Mehefin = June

MEFUS ♀
= strawberries

MEG ♀
Megan, Marged

MEGAN ♀
Marged
Ffurf anwes ar Marged

Megan Watts Hughes, 1842–1907, cantores o Ddowlais
Megan Lloyd George, 1902–66, AS, merch David
Lloyd George
Affectionate form of Marged
Megan Watts Hughes, 1842–1907, singer from Dowlais
Megan Lloyd George, 1902–66, MP, daughter of David
Lloyd George

MEI ♂
Ffurf anwes ar Meilir neu Meirion
Affectionate form of Meilir or
Meirion

MEIC ♂
Ffurf anwes ar Meical a
Mihangel
Meic Myngfras
Affectionate form of
Meical and Mihangel
Meic Myngfras (hairy
mane)

MEICAL ♂
Mihangel
> Hebraeg = 'Pwy sydd fel yr Arglwydd?'
Un o'r archangylion
> Hebrew = 'Who is like the Lord?' One of the archangels

Meic Stevens

MEIDRYM ♂
Pentref yn Sir Gaerfyrddin
A village in Carmarthenshire

MEIGAN ♂

MEILIR ♂
Meilyr
Meilir ap Hwfa

MEILYG ♂
Meilyg fab Caw, sonnir amdano yn *Culhwch ac Olwen*
Meilyg fab Caw, mentioned in *Culhwch and Olwen*

MEILYR ♂
Meilyr Brydydd, *fl.* 1100–37, un o'r gogynfeirdd cyntaf,
bardd llys i Gruffudd ap Cynan yn Aberffraw, Môn
Meilyr Brydydd, *fl.* 1100–37, one of the earliest poets
of the princes. Court poet to Gruffudd ap Cynan at
Aberffraw, Anglesey (prydydd = poet)

MEILYS ♂ MEILYS ♀
Mai = May + llys = flower, plant

MEILLION, MEILLIONEN ♀
= clover

MEINIR ♀
meinir = maiden

MEINWEN ♀
main= slender + gwen =white. Also = maiden

MEIRA ♀
Mair

MEIRCHION ♂
meirch = horses

MEIRIAN ♀
Ffurf anwes ar Mair
Affectionate form of Mair

MEIRION ♂
Meirion ap Tybion, ŵyr Cunedda, a roes ei enw i
Feirionnydd
Meirion ap Tybion, grandson of Cunedda, who gave his
name to Merionethshire

MEIRIONA ♀
Meirion

MEIRIONWEN ♀
Meirion + gwen = white

MEIRWEN ♀
Mairwen, Marwenna

MEIRWYN ♂
Mair + gwyn = white

MEIWEN ♀
Mei > Mai = May + gwen = white

MEIWYN ♂
Mei > Mai = May + gwyn =
white

MELAN ♂
Nant yn Sir Drefaldwyn
mêl = honey
Stream in Montgomeryshire

MELANGELL ♀
Merch Rhicwlff ap Tudwal ac Ethni,
nawddsant ysgyfarnogod
Cysegrir eglwys iddi ym Mhennant Melangell, Sir
Drefaldwyn

Santes Melangell

angel = angel; angell = leg, talon, wing
Daughter of Rhicwlff ap Tudwal and Ethni, patron saint
of hares
A church is dedicated to her at Pennant Melangell,
Montgomeryshire

MELAR ♂
Melor

MELERI ♀
Meleri ferch Brychan
Gwraig Ceredig ap Cunedda, tua 410
Mam-gu Dewi, merch Brychan Brycheiniog
my endearment = my + Eleri
Wife of Ceredig ap Cunedda, around 410
Grandmother of St David, daughter of Brychan
Brycheiniog

MELFA ♀
? mêl = honey

MELFYN ♂
Merfyn

MELINA ♀

MELOR ♂
Melar, Meilyr

MELWAS ♂
Enw cynnar a chymeriad yn y chwedlau Arthuraidd
? mêl = honey + gwas = servant
An early name, and a character in the Arthurian legends

MELYN ♂
Belyn
Melyn fab Cynfelyn
= yellow

MEN ♀
Menna
Cariad Eifion Wyn, enw barddol Eliseus Williams,
1867–1926, yn ei gerddi
Love of Eifion Wyn, bardic name of Eliseus Williams,
1867–1926, in his poems

MENAI ♀
Afon Menai
Menai Straits

MENNA ♀
Cariad Alun Mabon yn y gerdd gan Ceiriog
Love of Alun Mabon in the poem by Ceiriog

MENW ♀
Menna

MERDDYN ♂
Myrddin

MERÊD ♂
Ffurf anwes ar Mereudd
Affectionate form of Mereudd

MEREDITH ♂ MEREDITH ♀
Mereudd

MEREDUDD ♂
Maredudd
Mereudd ap Rhys, *fl.* 1450–85, uchelwr, bardd ac offeiriad o Riwabon
Mereudd ap Rhys, *fl.* 1450–85, nobleman, poet and clergyman from Ruabon

MEREDYDD ♂
Mereudd

MERERID ♀
Marged, Merierid
> Groeg 'margarites' = perl

Mererid Hopwood, y ferch gyntaf i ennill y gadair yn yr Eisteddfod Genedlaethol, Dinbych 2001
> Greek 'margarites' = pearl. Equivalent of Margaret
Mererid Hopwood, first woman to win the chair in the National Eisteddfod, Denbigh 2001

Mererid Hopwood

MERFYN ♂
Myrddin
Merfyn Frych, –844, brenin Gwynedd, tad Rhodri Mawr
Merfyn ap Rhodri Mawr
Merfyn Frych, –844, King of Gwynedd, father of Rhodri Mawr (mawr=great)

MERI ♀
Mari

MERIAN ♀
Mari + Ann
neu ffurf anwes ar Mari
or an affectionate form of Mari

MERIEL ♀
Meryl
> Gwyddeleg Muirgheal, muir = môr + geal = disglair
> Irish Muirgheal, muir = sea + geal = bright

MERIERID ♀
Mererid

MERIN ♂
Merin ap Seithennin

MERLYN ♂
Myrddin

MERYL ♀
Meriel

MEUDWEN ♀
meudwy = hermit + gwen = blessed

MEUGAN ♂
Sant cysylltiedig â Llanfeugan, Powys
Saint associated with Llanfeugan, Powys

MEURIG ♂
> Lladin, Mauritius = Mŵr
Meurig ap Tewdrig, brenin Glywysing, Morgannwg, 6ed ganrif, tad-cu Morgan
Meurig ap Rhodri Mawr
Ystradmeurig, Ceredigion
> Latin, Mauritius = a Moor
Meurig ap Tewdrig, king of Glywysing, Glamorgan, 6th century, grandfather of Morgan
Meurig ap Rhodri Mawr
Ystradmeurig, Ceredigion

MEURON ♀

MEURYN ♂
? my ANWES + euryn
Hen enw afon
Enw barddol Robert John Rowlands, 1880–1967
?my endearment + euryn = gold one
Old river name
Bardic name of Robert John Rowlands, 1880–1967

MIA ♀
Enw rhyngwladol, talfyriad o Maria
An international name, short for Maria

MIALL ♂
D. Miall Edwards, 1873–1941, llenor a gwladgarwr
D. Miall Edwards, 1873–1941, writer and patriot

MIHANGEL ♂
Meical
> Hebraeg = 'Pwy sy'n debyg i'r arglwydd?'
Llanfihangel, elfen yn enw sawl lle
> Hebrew = 'Who is like the lord?'
Llanfihangel, element in many placenames

MILWYN ♂
Gwynfil

MIMOSA ♀
Y llong a aeth â'r Cymry i'r Wladfa
The ship that took the Welsh to Patagonia

MINWEL ♀

MIRAIN ♀
mirain = refined, fair

MIRDEG ♀
? mirain = refined, fair + teg = fair, beautiful

MIRI ♀
= merriment

MOC ♂
Ffurf anwes ar Morgan
Affectionate form of Morgan

MODLEN ♀
Madlen, Magdalen
Ffurf anwes ar Magdalen
Affectionate form of Magdalen

MODRON ♀
Madron
Modron ferch Afallach
Duwies Geltaidd, y Fam Fawr
Afon Marne
Celtic Goddess, the Great Mother
River Marne

MODWEN ♀
?# Morwen

MOELONA ♀
Lona; o enw fferm Moelon, Rhydlewis, Ceredigion
Enw barddol Elizabeth Mary Jones, 1878–1953
moel = hill, bare
Pseudonym of the writer Elizabeth Mary Jones, 1878–1953

MOELWEN ♀
moel = hill, bare + gwyn = white

MOELWYN ♂
Mynydd ger Ffestiniog
moel = a hill + gwyn = white
Mountain near Ffestiniog

MÔN ♂
Môn = Anglesey

MONA ♀
> Gwyddeleg, Muadhnait, muadb = bonheddig
Enw santes Wyddelig
neu Môn + a
> Irish, Muadhnait, muadb = noble
Name of Irish saint
or Môn = Anglesey + a

MÔR ♂
Môr ap Llywarch
môr = sea

MOREN ♂
Sonnir amdano yn *Culhwch ac Olwen*
Mentioned in *Culhwch and Olwen*

MOREWENNA ♀
Morwenna
Morewenna ferch Brychan

MORFAEL ♂
Morfael ap Cyndrwyn, sant
o'r 6ed ganrif
mawr = great + mael = a
prince
Morfael ap Cyndrwyn,
saint of 6th century

MORFEN ♀

MORFIN ♂

MORFINA ♀

Morfudd Llwyn Owen

MORFUDD, MORFYDD ♀
Merch Urien Rheged
Morfudd ferch Merwydd Hir, gwraig Owain Gwynedd
Un o gariadon Dafydd ap Gwilym, 14eg ganrif
Morfudd Llwyn Owen, cyfansoddwraig, 1891–1918
Daughter of Urien Rheged in *Culhwch and Olwen*
Morfydd ferch Merwydd Hir, wife of Owain Gwynedd
One of the loves of Dafydd ap Gwilym, 14th century
Morfudd Llwyn Owen, composer, 1891–1918

MORGAN ♂
Margan
Morgan Mwynfawr, ŵyr i Meurig ap Tewdrig, a roes ei enw i Forgannwg, *fl.* 730
Morgan Hen ab Owen, −975, brenin Morgannwg
môr = sea + geni = to be born, equivalent of Irish Muirgen
Morgan Mwynfawr (wealthy), grandson of Meurig ap Tewdrig who gave his name to Glamorgan, *fl.* 730
Morgan Hen (Old) ab Owen, −975, king of Glamorgan

MORGANT ♂
Morgant Mwynfawr, brenin a ymladdodd gydag Urien Rheged ac yna ei ladd
Morgant mab Owain, brenin Morgannwg 10fed ganrif
Morgant Mwynfawr (wealthy), king who fought with Urien Rheged and then killed him
Morgant mab Owain, king of Glamorgan 10th century

MORIED ♂
Milwr a aeth i Gatraeth
A warrior who fought at Catterick

MORIEN ♂
Morien ap Cadwr
Milwr a aeth i Gatraeth (gw. Aneirin)

môr = sea + geni = be born
Soldier who went to Catraeth (Catterick) (v. Aneirin)

MORLAIS ♂
Esgob Bangor, 10fed ganrif
môr = sea or mawr = great + llais = voice or clais = ditch
Bishop of Bangor, 10th century

MORNANT ♂
mawr = great + nant = stream

MORRIS ♂
Morys

MORUDD ♂
Morudd ab Aeddan
Morudd ap Llywarch Hen

MORYS, MORUS ♂
Meurig
> Lladin, Mauritius = Mŵr
Morus ap Dafydd, *fl.* 1523-90, bardd o Eifionydd
> Latin, Mauritius = Moor
Morus ap Dafydd, *fl.* 1523-90, poet from Eifionydd, Carnarfonshire

MORWEN ♀
morwyn = maid or mawr = great or môr = sea or mor = so + gwen = white

MORWENNA ♀
Morwen, Morewenna

MORWYN ♀
morwyn = maid

MOSTYN ♂
Teulu Mostyn, Fflint; enw lle ger Fflint
Mostyn family, Flint; place near Flint

MWYNDEG ♀
Santes, merch Brychan, 5ed ganrif
mwyn = gentle + teg = fair
Saint, daughter of Brychan 5th century

MWYNEN, MWYNI ♀
mwyn = gentle

MWYNWEN ♀
Mwynwen ferch Brychan
mwyn = gentle + gwen = white

MYDDFAI ♂
Plwyf yn Sir Gaerfyrddin
Parish in Carmarthenshire

MYFANWY ♀
my ANWES + manwy = cain, prin
Myfanwy ferch Tudur Trefor, testun cerdd gan Hywel
ab Einion Llygliw, 1350–90
Cân gan Joseph Parry, 1841–1903
Endearing my + manwy = fine, rare
Myfanwy ferch Tudur Trefor, subject of poem by Hywel
ab Einion Llygliw, 1350–90
Song by Joseph Parry, 1841–1903

MYFI ♀
Ffurf anwes ar Myfanwy
Affectionate form of Myfanwy

MYFINA ♀
Myfi, Myfanwy

MYFYR ♂
> Lladin ,memoria, = cof
Myfyr Morgannwg, enw barddol Evan Davies, 1801–88,
archdderwydd
Myfyr Wyn, enw barddol William Williams, 1849–
1900, bardd, gof, hanesydd o Dredegar

> Latin ,memoria, = memory

Myfyr Morgannwg, bardic name of Evan Davies, 1801–88, archdruid

Myfyr Wyn, bardic name of William Williams, 1849–1900, poet, smith, historian from Tredegar

MYMBYR ♂

Mymbyr ap Madog
Nant yng Ngwynedd
Stream in Gwynedd

MYNOR ♂

= marmor
= marble

MYNYDDOG ♂

Newydd Fynyddog, mynydd ger Llanbryn-mair

Mynyddog Mwynfawr, ei osgordd ef a aeth i Gatraeth (gw. Aneirin)

Mynyddog

mynydd = mountain

Newydd Fynyddog, mountain near Llanbryn-mair

Mynyddog Mwynfawr, his troop went to Catraeth (Catterick) (v. Aneirin)

MYRDDIN ♂

Merfyn

Myrddin Wyllt, proffwyd gwleidyddol. Rhyfelwr yn yr Hen Ogledd. Ar ôl marw ei arlgwydd Gwenddoleu, aeth Myrddin yn wallgof a byw yn fforest Celyddon, de'r Alban

Caerfyrddin, a gysylltir ar gam â Myrddin

Myrddin Wyllt (wild), a political prophet. Warrior in the Old North. After the death of his protector Gwenddoleu, Myrddin went mad and lived in Celyddon forest, south Scotland

Caerfyrddin (Carmarthen), falsely associated with Myrddin

MYRIEL ♀

Meriel

MYRNACH ♂

Brynach

Llanfyrnach, Sir Benfro

Llanfyrnach, Pembrokeshire

N

NAN ♀
Ffurf ar Ann
Form of Ann

NANNO ♀
Nan

NANT ♀
nant = stream

NANTLYS ♀
nant = stream + llys = plant

NANNON ♀
Ffurf anwes ar Rhiannon
Affectionate form of Rhiannon

NANS, NANSI ♀
Nansi
Ffurf anwes ar Ann
Affectionate form of Ann

NANTLAIS ♂
Nantlais Williams, 1874–1959, emynydd a phregethwr
nant = stream + clais = ditch or llais = voice
Nantlais Williams, 1874–1959, preacher and hymnwriter

NANW ♀
Nan

NANWEN ♀
Nan + gwen = white

NED ♂
Ffurf ar Edward
A form of Edward

NEDA ♀
Nedw

NEDW ♂
Ffurf ar Ned
A form of Ned

NEFED ♂
? nef = heaven

NEFYDD ♀ NEFYDD ♂

Merch Brychan, 5ed ganrif
Nefydd ap Llywarch Hen
Enw barddol William Roberts, 1813–72, gweinidog,
argraffydd, llenor
Daughter of Brychan, 5th century
Bardic name of William Roberts, 1813–72, minister,
printer, writer

NEFYL ♂

> enw Normanaidd, Nevil o Neuville
> Norman name, Nevil from Neuville

NEFYN ♂ NEFYN ♀

Nyfain
Merch Brychan, 5ed ganrif
Nefyn, Arfon
Daughter of Brychan, 5th century

NEIFION ♂

Cyfateb i Neptune
Equivalent of Neptune

NEIRIN ♂

Aneirin

NEL ♀

? Amrywiad ar Elinor, Cornelia
? Variation of Elinor, Cornelia

NERYS ♀

Generys
? nêr = arglwydd
? nêr = lord

NES ♀ NES ♂

Nest, Nesta

NEST ♀

Ffurf anwes ar Agnes
Nest ferch Rhodri Mawr, mam Morgan
Merch Rhys ap Tewdwr a mam-gu Gerallt Gymro,
meistres Harri I o Loegr, tua 1100
Affectionate form of Agnes
Nest ferch Rhodri Mawr, mother of Morgan
Grandmother of Gerallt Gymro (Gerald the Welshman),
mistress of Henry I, around 1100

NESTA ♀

Nest

NIA ♀

Yn ôl chwedloniaeth Wyddelig aeth Nia gydag Osian i
Dir na n-Og
According to Irish legend, Nia went with Osian to Tir
na n-Og, land of youth

NICLAS ♂

> Groeg 'nice' = buddugoliaeth + laos = y bobl. Cyfateb
i Nicholas
Niclas y Glais (T. E. Nicholas), 1879–1971, bardd a
chomiwnydd
> Greek 'nike' = victory + laos = the people. Equivalent
of Nicholas
Niclas y Glais (T. E.
Nicholas), 1879–1971, poet
and communist

NIDIAN ♂

Sant cynnar
An early saint

NINIAN ♂

Sant cynnar, –432
Parc Ninian, Caerdydd
Early saint, –432
Ninian Park, Cardiff

Niclas y Glais

NISIEN ♂

Isien
Llanisien, Morgannwg
Sant cynnar
Mab Euroswydd, hanner brawd Bendigeidfran yn y
Mabinogi
Llanishen, Glamorgan
Early saint
Son of Euroswydd, half brother of Bendigeidfran in the
Mabinogion

NOA ♂

Hebraeg = cysur, gorffwys
Casglodd ddau o bob rhywogaeth i arch, cyn y Dilyw.
Hebrew = rest, comfort
He collected two of all species to his ark, before the
Flood.

NOEL ♂ NOEL ♀

> Lladin 'natalis' = yn perthyn i enedigaeth
> Latin 'natalis' = related to birth

NOELYN ♂

Noel

NON ♀
Nonnita, Nonna
Santes, 5ed–6ed ganrif, merch Cynyr, mam Dewi. Dydd Gŵyl, 2 Mawrth
Saint, 5th–6th century, daughter of Cynyr, mother of Dewi. Feast Day, 2 March

NONA ♀
Amrywiad ar Non. Neu > Lladin = 9fed
Variant of Non. Or from Latin = 9th

NONI ♀
Amrywiad ar Non
Variation of Non

NONNA ♀
Non, Nona

NONWYN ♀
Non
Non + gwyn = white

NORA ♀
> Lladin 'honor' = bri, prydferthwch
> Latin 'honor' = reputation, beauty

NOW ♂
Ffurf anwes yng ngogledd Cymru ar Owen
Affectionate form in north Wales of Owen

NUDD ♂
Llŷr
Ffigur chwedlonol
Nudd ap Beli
Gwyn ap Nudd, duw'r cymylau a'r awyr, brenin y Tylwyth Teg
Nudd Hael, o'r Hen Ogledd
Legendary figure
Gwyn ap Nudd, god of clouds and air, king of the Fairies
Nudd Hael (generous), of the Old North

NWYTHON ♂
Tad Heinif, milwr yng Nghatraeth
Father of Heinif, a warrior at Catraeth (Catterick)

NYFAIN ♀
Nyfain ferch Brychan

O

OGWEN ♂
Afon a dyffryn yng
Ngwynedd
River and valley in
Gwynedd

OGWYN ♂
Ogwen

OLAF ♂
olaf = last

OLEULI ♂
goleu = light + lli = stream

Olwen

OLWEN ♀
Merch Ysbaddaden Bencawr yn *Culhwch ac Olwen*.
Roedd meillion yn tyfu lle y cerddai
ôl = trace + gwen = white
Daughter of Ysbaddaden Bencawr (= chief giant) in
Culhwch and Olwen. Clover grew where she walked

OLWENNA ♀
Olwen

ONFAEL ♂
Pentref ym Mrycheiniog
Village in Breconshire

ONLLWYN ♂
Pentref yng nghwm Dulais, Morgannwg
onn = ash + llwyn = grove
Village in Dulais valley, Glamorgan

ORCHWY ♂
Afon, Treorci, Morgannwg
River, Treorci,
Glamorgan

ORIEL ♂
oriel = gallery

ORIG ♂
Orwig

Orig Williams

ORWIG ♂
Dinorwig, Sir Gaernarfon
Din = amddiffynfa
Dinorwig, Carnarfonshire
Din = defence

OSFAEL ♂
Mab Cunedda
Son of Cunedda

OSIAN ♂
Bardd yn chwedloniaeth Iwerddon
Poet in Irish legend

OSWAEL ♂
Ysfael, Oswael
Oswael ap Cunedda Wledig

OSWALLT ♂
> Hen Saesneg os = duw, weald = nerth. Cyfateb i
Oswald
Croesoswallt
> Old English os = god, weald= power. Equivalent of
Oswald
Croesoswallt = Oswestry

OWAIN ♂
> Hen Gelteg Esugenios = wedi'i eni'n dda
Owain, mab Macsen Wledig
Owain Gwynedd ap Gruffudd ap Cynan, c.1100–71,
brenin Gwynedd
Owain Glyndŵr – gw. Glyndŵr
> Old Celtic Esugenios = well born
Owain, son of Macsen Wledig
Owain Gwynedd ap Gruffudd ap Cynan, c.1100–71,
king of Gwynedd
Owain Glyndŵr, see Glyndŵr

OWEN ♂
Owain
Owen Morgan Edwards, 1858–1920, hanesydd, llenor,
cyhoeddwr
Owen Morgan Edwards, 1858–1920, historian, writer,
publisher

OWENA ♀
Owen

P

PABO ♂
Pabo Post Prydain, claddwyd yn Llanbabo, Môn
Pabo Post Prydain (pillar of Britain), buried at Llanbabo, Anglesey

PADARN ♂
> Lladin 'paternus' = tadol
Sant o'r 6ed ganrif, ŵyr Ynyr Llydaw, un o dri phrif sant de Cymru, sefydlydd Llanbadarn
Padarn Beisrudd, tad-cu Cunedda
Llanbadarn, Ceredigion
> Latin 'paternus' = fatherly
6th century saint, grandson of Ynyr Llydaw, one of three main saints of south Wales, founder of Llanbadarn
Padarn Beisrudd, grandfather of Cunedda

PADRIG ♂
> Lladin 'patricus' = bonheddwr
Nawddsant Iwerddon, o ddyffryn Hafren, −461
> Latin 'patricus' = nobleman
Patron saint of Ireland, from vale of Severn, −461

PARRI ♂
ap = son + Harri

PAWL ♂
> Lladin 'paulus' = bach
Enw Beiblaidd
Pawl Hen, Abad y Tŷ Gwyn, addysgwr Dewi Sant
> Latin 'paulus' = small
Biblical name
Pawl Hen (hen = old), Abbot of White House, educator of Dewi Sant

PEBLIG ♂
Sant cysylltiedig â Llanbeblig, Gwynedd
Mab i Elen (Elen Luyddog) a Macsen Wledig
Saint associated with Llanbeblig, Gwynedd
Son of Elen (Elen Luyddog) and Macsen Wledig

PEDR ♂
> Groeg 'petros' = carreg
Enw Beiblaidd
Pedr Fardd, enw barddol Peter Jones, 1775–1845, bardd ac emynydd
> Greek 'petros' = stone, rock
Biblical name
Pedr Fardd, bardic name of Peter Jones, 1775–1845, poet and hymnwriter

PEDRAN ♂
Ffurf anwes ar Pedr
Nant rhwng Sir Benfro a Sir Gaerfyrdin
Affectionate form of Pedr
Stream between Pembrokeshire and Carmarthenshire

PEDROG ♂
Pedr + BYCHANIG -og
Sant o'r 6ed ganrif, mab Glywys, Brenin Morgannwg.
Dydd Gŵyl, 4 Mehefin
Llanbedrog, Gwynedd
Pedr + DIMINUTIVE 'og'
Saint of 6th century, son of Glywys, King of Glamorgan.
Feast Day, 4 June

PENAR ♂
Pennar
Enw barddol Griffith Pennar Davies, 1860–1918,
gweinidog ac awdur
Bardic name of Griffith Pennar Davies, 1860–1918,
minister and author

PENFRO ♂
pen = head + bro = region, country
Penfro = Pembroke

PENNANT ♂
Thomas Pennant, 1726–98, hynafiaethydd a theithiwr o
Fflint
Cwm Pennant, Gwynedd
pen = head + nant = stream
Thomas Pennant, 1726–98, antiquary and traveller from
Flint
Pennant valley, Gwynedd

PENNAR ♂
Nant yn llifo i afon Taf
Aberpennar
Pennar Davies, 1911–96, prifathro coleg diwinyddol a
llenor
pen = head + ardd = hill
Stream flowing into Taff
Pennar Davies, 1911–96, principal of theological college
and author

PENRI ♂
= ap Henri
John Penry, 1536–93, Piwritan a merthyr o Gefn Brith,
Brycheiniog
John Penry, 1536–93, Puritan and martyr from Cefn
Brith, Breconshire

PENRHYN ♂
penrhyn = peninsula

PENWYN ♂
pen = head + gwyn = white

PEREDUR ♂
peri = gwaywffon + dur
Peredur fab Efrog, un o chwedlau'r Oesoedd Canol
Rhyfelwr yn swydd Efrog yn y Gododdin
peri = spear + dur = steel
Peredur fab Efrog, one of the tales of the Middle Ages,
equivalent of Percival
Warrior in Yorkshire in the Gododdin

PERIS ♂
Sant, Cardinal o Rufain
Llyn Peris, Llanberis, Arfon
A saint, a cardinal of Rome
Peris lake, Llanberis, Carnarfonshire

PERL ♀
perl = pearl

PERNANT ♂
pêr = sweet + nant = stream

PERYF ♂
Peryf ap Cedifor Wyddel, *fl.* 1170, brawd maeth i Hywel
ab Owain Gwynedd
Peryf ap Cedifor Wyddel, *fl.* 1170, foster brother of
Hywel ab Owain Gwynedd (Gwyddel = Irishman)

PETRA ♀
> Lladin 'petra' = carreg
> Latin 'petra' = stone

PETRAN ♂
Pedran

PEULIN ♂
Lladin, Paulinus
Latin, Paulinus

PIRS ♂
Pedr, Pyrs, Perys
Pirs Griffith, 1568–16289, o deulu'r Penrhyn,
Caernarfon
Pirs Griffith, 1568–1628, of the Penrhyn family,
Caernarfon

PLENNYDD ♂
Un o'r beirdd cynharaf yn ôl traddodiad
One of the earliest poets according to tradition

POWEL ♂
= ap Hywel

POWYS ♂
Hen deyrnas a sir
Old kingdom and county

PRISIART ♂
ap = son + Rhisiart

PRION ♂

PROSSER ♂
E. Prosser Rhys 1901–
45, bardd
ap = son + Rhosier
E. Prosser Rhys 1901–45, poet

Prosser Rhys

PROTHERO ♂
Prydderch, Rhydderch

PRYDAIN ♂
Prydain ab Aedd Mawr
= Britain

PRYDERI ♂
Mab Pwyll a Rhiannon yn y *Mabinogi*. Roedd pryder ar
ôl iddo fynd ar goll
pryder = care, concern
Son of Pwyll and Rhiannon in the *Mabinogion*. There
was concern after he was lost

PRYDWEN ♀
Enw llong Arthur
pryd = complexion + gwen = white
Name of Arthur's ship

PRYDWYN ♂
Prydwen

PRYDYN ♂
= Britain

PRYDDERCH ♂
ap = son + Rhydderch

PRYS ♂
ap = son + Rhys

PRYSOR ♂
Nant yn Sir Feirionnydd,
y canodd Hedd Wyn
amdani
Stream in
Merionethshire,
celebrated in a poem by
Hedd Wyn

PRYSORWEN ♀
Prysor + gwen = white

PUW ♂
ap = son + Huw

PWYLL ♂
Pendefig Dyfed, gŵr Rhiannon, yn chwedlau'r *Mabinogi*
pwyll = discretion, steadiness
Lord of Dyfed, husband of Rhiannon, in the *Mabinogion*
tales

PYRS ♂
Pedr, Perys
Gall fod fel Pearse, o Pedr, neu fel Perys
Esgob Tyddewi 1176–98

Dewi Prysor

Could be equivalent of Pearse, from Pedr (Peter) or
Perys
Bishop of St David's 1176–98

PH

PHYLIP ♂
> Groeg = carwr ceffylau
Enw Beiblaidd, un o'r apostolion
Phylip Brydydd, *fl.* 1222, bardd
> Greek = lover of horses
Biblical name, equivalent of Philip
Phylip Brydydd, *fl.* 1222, poet (prydydd = poet)

R

RAGNELL ♀
#Rhagnell, Rhanillt

RAILIA ♀

RAINILLT ♀
Merch Gruffudd ap Cynan ac Angharad
Daughter of Gruffudd ap Cynan and Angharad

REBECA ♀
Beca
Enw Beiblaidd
Yr enw ar arweinydd y rhai a gymerodd ran yn nherfysg Rebeca yn Sir Gaerfyrddin (yn bennaf) yn y 19eg ganrif, yn erbyn tollbyrth
Biblical name
The name of the leader of those who took part in the Rebecca Riots in Carmarthenshire (mainly) in the 19th century, against tollgates

ROBAT, ROBART, ROBET ♂
Rhobat, Robert
> Hen Almaeneg Hrodebert; hrothi = enwogrwydd + berhta = disglair
> Old German Hrodebert; hrothi = fame, bertha = bright. Equivalent of Robert

ROBYN ♂
Robat
Ffurf anwes ar Robat
Robyn Ddu, *fl.* 1450, cywyddwr
Robyn Ddu Eryri, enw barddol Robert Parry, 1804–92
Affectionate form of Robat
Robyn Ddu, *fl.* 1450, poet
Robyn Ddu Eryri, bardic name of Robert Parry,1804–92

ROBYNA ♀
Robyn, Robat

RODRIC ♂
Rhydderch
> Hen Almaeneg Hrodric; hrothi = enwogrwydd + ricja = teyrnasiad. Cyfetyb hefyd i Rhydderch
> Old German Hrodric; hrothi = fame, ricja = rule. Equivalent of Rhydderch

RÔL ♂
Ffurf anwes ar Rolant
An affectionate form of Rolant

ROLANT ♂
> Hen Almaeneg Hrodland; hrothi = enwogrwydd +
landa = tir
Ffigwr yn chwedlau Siarlymaen
Rolant o Fôn, enw barddol Rowland Jones, 1909–62
> Old German Hrodland; hrothi = fame + landa = land
A figure in the Charlemagne tales
Rolant o Fôn, bardic name of Rowland Jones, 1909–62

RONA ♀
Rhona, Rhonwen

RONW ♂
Goronwy, Gronw

RONWEN ♀
Rhonwen

ROSSER ♂
Rhosier

ROWENA ♀
Rhonwen

RH

RHAGNELL ♀
Merch y brenin Olaf o Ddulyn, a mam Gruffudd ap
Cynan, 11eg ganrif
Daughter of King Olaf of Dublin, and mother of
Gruffudd ap Cynan, 11th century

RHAIN ♂
rhain = gwaywffon
Mab Brychan
Rhain ap Cadwgan, –808, brenin Dyfed
Rhain ap Hywel Dda
rhain = spear
Son of Brychan
Rhain ap Cadwgan, –808, king of Dyfed

RHEDYN ♀
rhedyn = fern

RHEGED ♂
Rheged ap Llywarch Hen
Hen diriogaeth Frythonig, yng ngogledd Lloegr
Old Welsh or Brythonic territory in the North of England

RHEON ♂
Rhion

RHEINALLT, RHINALLT ♂
> Hen Saesneg regen = nerth + weald = grym. Neu Rhain
+ allt
Hywel ap Rheinallt, *fl.* 1471–94, bardd
> Old English regen = strength + weald = power. Or
Rhain + allt = hill. Equivalent of Reynold and Reginald
Hywel ap Rheinallt, *fl.* 1471–94, poet

RHIAINWEN ♀
# Rhianwen
rhian = maiden + gwen = white

RHIAN, RHIAIN ♀
rhian = maiden

RHIANEDD, RHUANEDD ♀
# Rhianydd
rhian = maiden

RHIANGAR ♀
rhian = maiden + câr = love

RHIANNA ♀
Rhian

RHIANNON ♀
Gwraig Pwyll a mam Pryderi yn y *Mabinogi*, duwies
ceffylau Geltaidd, Rigantona
= nymph, goddess
Wife of Pwyll, and mother of
Pryderi in the *Mabinogion*,
Celtic horse goddess,
Rigantona

Rhiannon

RHIANWEN ♀
rhian = maiden + gwen =
white

RHIANYDD ♀
# Rhianedd
rhian = maiden

RHICART ♂
Rhisiart. Cyfateb i Richard
Rhicart ap Llywarch
Equivalent of Richard

RHIDIAN ♂
Rhydian
Sant cynnar cysylltiedig â Llanrhidian
Early saint associated with Llanrhidian

RHIELL ♀
Enw ar garreg o'r 6ed ganrif ym Mryn Golau,
Trawsfynydd. Rigella (Lladin) > Rhiell
Name on 6th century stone at Bryn Golau,
Trawsfynydd. Rigella (Latin) > Rhiell

RHINOG, RHINIOG ♂
Rhinog Fawr, Rhinog Fach, mynyddoedd ym
Meirionnydd
? > rhiniog; yr + hin (ymyl)
Rhinog Fawr, Rhinog Fach, mountains in
Merionethshire
? > rhiniog = threshold; yr (the) + hin (edge)

RHION ♂
rhi = brenin
rhi = king

RHIRID ♂
Rhiryd
Rhirid Flaidd, fl. 1160, noddwr, Arglwydd ym Mhowys

Rhiryd ap Bleddyn, lladdwyd gan yr Arglwydd Rhys yn
yr 11eg ganrif
rhi = ruler + rhidd = to repel?
Rhirid Flaidd, fl. 1160, patron, lord in Powys (blaidd =
wolf)
Rhiryd ap Bleddyn, killed by Lord Rhys in 11th century

RHISIART ♂
> Hen Saesneg ric = rheolwr + heard = caled
Rhisiart Fynglwyd, fl. 1510–70, bardd
> Old English ric = ruler + beard = hard. Equivalent of
Richard
Rhisiart Fynglwyd, fl. 1510–70, poet

RHISIERDYN ♂
Ffurf anwes ar Rhisiart
Affectionate form of Rhisiart

RHIWALLON ♂
> Rigovellaunos = mwyaf brenhinol
Rhiwallon ap Urien Rheged
Rhiwallon ap Cynfyn, –1070, brenin Powys
Tad meddygon Myddfai
> Rigovellaunos = most regal
Rhiwallon ap Cynfyn, –1070, king of Powys
Father of the physicians of Myddfai

RHOBAT, RHOBET ♂
Robat

RHODD ♂ RHODD ♀
rhodd = gift

RHODRI ♂
Rhodri Mawr ap Merfyn Frych, –877, brenin Gwynedd, Powys a Deheubarth. Mab Merfyn Frych a Nest
Rhodri ab Owain Gwynedd, –1195, tywysog yng Ngwynedd
rhod, a circle + rhi, a ruler
Rhodri Mawr, –877, king of Gwynedd, Powys and south west Wales. Son of Merfyn Frych and Nest
Rhodri ab Owain Gwynedd, –1195, prince in Gwynedd

Rhodri Morgan

RHOLAND ♂
Rolant

RHONA ♀
Ffurf anwes ar Rhonwen
Affectionate form of Rhonwen

RHONDA ♀
? # Rhona

RHONDDA ♂ RHONDDA ♀
> Gwyddeleg rádim = llefaraf, am enw afon Cwm Rhondda, de Cymru
> Irish rádim = I talk, used for the river name Rhondda Valley, south Wales

RHONWEN ♀
> ? Hen Saesneg Hrodwyn, hreod = enwogrwydd + wine = cyfaill. Cyfateb i Rowena, neu > Cymraeg = gwayw neu rhawn + gwen
Merch Hengist, ail wraig Gwrtheyrn, yn ôl Sieffre o Fynwy (gw. Alys)
> ? Old English Hrodwyn, hreod = fame + wine = friend. Equivalent of Rowena, or Welsh = lance or horse hair + gwen = white
Daughter of Hengist (see under Alys), second wife of Gwrtheyrn (Vortigern), according to Geoffrey of Monmouth

RHOSAN ♀
Afon ym Mhowys
A river in Powys

RHOSIER ♂
> Hen Almaeneg Hrodgar, hrothi = enwogrwydd + ger
=gwayw. Cyfateb i Roger a Rosser
> Old German Hrodgar, hrothi = fame + ger = spear.
Equivalent of Roger and Rosser

RHOSLYN ♂ RHOSLYN ♀
rhos = rose or moor + lyn > glyn = valley; or from Luned

RHOSWEN ♀
rhos = a rose or moor + gwen = white, fair

RHOSYDD ♀
Rhosyn

RHOSYN ♀
rhosyn = rose

RHUDD ♂
Rhudd ap Llywarch Hen
rhudd = red

RHUDDIAN ♀
Rhydian

RHUFAWN ♂
Rhufon

RHUFON ♂
> Lladin, Romanus = Rhufeiniwr
Mab Cunedda
Rhufoniog, ardal rhwng Clwyd a Chonwy
> Latin, Romanus = Roman
Son of Cunedda
Rhufoniog, a district between Clwyd and Conwy

RHUN ♂
Cymeriad yn chwedl *Taliesin*
Rhun ab Urien Rheged, 6ed ganrif
Rhun ap Maelgwn Gwynedd, *fl.* 550, rheolwr
gogledd-orllewin Cymru
Character in tale of *Taliesin*
Rhun ab Urien Rheged, 6th century
Rhun ap Maelgwn Gwynedd, *fl.* 550, ruler of
north-west Wales

RHUNEDD ♀
Rhun

RHUNOGWEN ♀
Rhun + Ogwen

RHYDFEN ♂
Rhydwen

RHYDIAN ♂
Rhidian
Sant cysylltiedig â Llanrhidian, Gŵyr
A saint commemorated at Llanrhidian, Gower

RHYDION ♂
Rhydian

RHYDWEN ♂
Rhydwen Williams, 1916–97, bardd a nofelydd o'r
Rhondda
rhyd = ford +gwen = white
Rhydwen Williams,
1916–97, poet
and novelist from
Rhondda

RHYDWYN ♂
Rhydwen

Rhydwen Williams

RHYDDAN ♂
Nant yn Sir Gaerfyrddin
A stream in Carmarthenshire

RHYDDERCH ♂
? rhy + ?derch = dyrchafol
Rhydderch Hael neu Hen, *fl.* 590, disgynnydd i Coel,
un o brif reolwyr yr Hen Ogledd yn Ystrad Clud,
ymladdodd gydag Urien
? rhy = very + derch = exalted
Rhydderch Hael or Hen, *fl.* 590, descendant of Coel,
one of the main rulers of the Old North in Strathclyde,
fought with Urien

RHYDDID ♂ RHYDDID ♀
rhyddid = freedom

RHYGYFARCH ♂
Un o bedwar mab Sulien Ddoeth,
mynach a ysgrifennodd Fuchedd
Dewi, 11eg ganrif
One of four sons of Sulien Ddoeth *(doeth = wise)*, monk
who wrote Life of St David, 11th century

RHYS ♂
? rhys = gordd neu
wychder. Seisnigwyd i
Rees a Rice
Rhys ap Tewdwr,
–1093, brenin
Deheubarth
Rhys ap Gruffudd,
1132-97, arglwydd
Deheubarth
? rhys = sledgehammer or
spendour. Anglicized as Rees
and Rice

Rhys Ifans

Rhys ap Tewdwr, –1093, king of south-west
Wales
Rhys ap Gruffudd, 1132-97, lord of south-west
Wales

RHYSTUD ♂
Rhystud ap Hywel Fychan
Sant o'r 6ed ganrif. Llanrhystud, Ceredigion
Saint of 6th century. Llanrhystud, Ceredigion

RHYSYN ♂
Ffurf anwes ar Rhys
Affectionate form of Rhys

S

SADWRN ♂
Sant cynnar cysylltiedig â Llansadwrn, Sir Gaerfyrddin
Sadwrn = Saturn, Saturday
Early saint associated with Llansadwrn,
Carmarthenshire

SAER ♂
= carpenter

SAERAN ♀ SAERAN ♂
Saran, Saeron
Saeran ap Geraint Saer, saer o Iwerddon
Saeran ap Geraint Saer, a carpenter from Ireland

SAERON ♂
Sant cysylltiedig â Llanynys, Sir Ddinbych
A saint associated with Llanynys, Denbighshire

SAL, SALI ♀
Sara
? o'r Sbaeneg am waredwr
? from the Spanish for saviour

SAMLET ♂
Sant cysylltiedig â Llansamlet, Abertawe
Saint associated with Llansamlet, Swansea

SAMSON ♂
> tarddiad Celtaidd neu Hebraeg; yn Hebraeg = mab Shamash (duw'r haul)
Samson ap Ceredig, *fl.* 550, esgob a sant o Gymru a sefydlodd abaty Dôl yn Llydaw
> Celtic or Hebrew origin; in Hebrew, = son of Shamash (sun god)
Samson ap Ceredig, *fl.* 550, Welsh bishop and saint who established abbey of Dôl in Brittany

SANAN ♀ SANAN ♂
Sanan ferch Cyngen, gwraig Maelgwn Gwynedd
Sanan ap Seithennin
Sanan ferch Cyngen, wife of Maelgwn Gwynedd

SANANT ♀
Mam Elisedd, Brenin Powys, a gwraig Maelgwn Gwynedd
Mother of Elisedd, King of Powys, and wife of Maelgwn Gwynedd

SANDDE ♂
Sandde Bryd Angel ap Llywarch Hen
Milwr golygus yn llys Arthur
Sandde Bryd Angel (countenance of an angel) ap Llywarch Hen
A handsome warrior in Arthur's court

SANNAN ♂
> Lladin 'sanctus'
Nant yn Sir Ddinbych. Un o dri sant Llantrisant, Môn
Llansannan, Sir Dinbych
> Latin 'sanctus'
Stream in Denbighshire. One of three saints of Llantrisant, Anglesey
Llansannan, Denbighshire

SANT ♂
Sant ap Cedig ap Ceredig, tad Dewi Sant
Sant ap Cedig ap Ceredig, father of St David

SARA ♀
> Hebraeg = tywysoges
> Hebrew = princess. Equivalent of Sarah

SARAN ♀
Santes Wyddelig
Irish Saint

SAWEL ♂
Sawyl
Ffurf ar Samuel
Sant o'r 6ed ganrif, brawd Dunawd Fyr. Tad Sant Asaff
o Lanelwy
Llansawel yng Nghaerfyrddin a Morgannwg
Form of Samuel
6th century saint, brother of Dunawd Fyr. Father of St
Asaph of Llanelwy
Llansawel in Carmarthenshire and Glamorgan

SAWYL ♂
Sawel
Sawyl ap Llywarch Hen
Sawyl ap Pabo Post Prydain, cyfoeswr ag Urien
Sawyl ap Pabo Post Prydain, contemporary of Urien

SEFIN ♂
Nant yn Sir Gaerfyrddin
Glansefin
Stream in Carmarthenshire
Glansefin

SEIMON ♂
> Hebraeg Shimeon, enw Beiblaidd
> Hebrew Shimeon, Biblical name, equivalent of Simon

SEIRIAN ♀
seirian = disglair
seirian = bright

SEIRIOL ♂
Sylfaenydd eglwys Penmon, Môn, 6ed ganrif. Cyfaill
i Cybi, cyfyrder i Maelgwn Gwynedd. Dydd Gŵyl, 1
Chwefror
Founder of Penmon church, Anglesey, 6th century.
Friend of Cybi, second cousin to Maelgwn Gwynedd.
Feast Day, 1 February

SEISYLL ♂
Seisyllt
? Ffurf wrywaidd Sisil
Seisyll ap Clydog, *fl.* 730, brenin cyntaf Ceredigion ac
Ystrad Tywi unedig
? Masculine form of Sisil
Seisyll ap Clydog, *fl.* 730, first king of joint Ceredigion
and Ystrad Tywi

SEISYLLT ♂
> Lladin, Sextilius. Seisnigwyd fel Cecil
Seisyllt ap Clydog, *fl.* 925, arglwydd Gwynedd
Seisyllt ap Dyfnwal, –1175, lladdwyd yn y Fenni
> Latin, Sextilius. Anglicized as Cecil

Seisyllt ap Clydog, *fl.* 925, lord of Gwynedd
Seisyllt ap Dyfnwal, –1175, killed at Abergavenny

SEITHENNYN ♂
Seithennin, Seithnyn
Brenin Maes Gwyddno (Cantre'r Gwaelod), a orlifwyd
gan y môr. Bae Ceredigion
King of Maes Gwyddno (Cantre'r Gwaelod), which was
flooded by the sea. Cardigan Bay

SEITHNYN ♂
Seithennyn

SELWYN ♂
sêl + gwyn neu > Hen Saesneg, sele = ceffyl, wine =
cyfaill
sêl = ardour + gwyn = white, or > Old English sele =
horse + wine = friend

SELYF ♂
Ffurf ar Solomon > Hebraeg = 'gŵr bach o heddwch' neu
'addolwr y duw Salmon'
Tad Cybi sant tua 500
Selyf ap Llywarch Hen
Selyf ap Cynan, arweiniodd y Cymry ym mrwydr Caer, a
marw yno, tua 613
Form of Solomon > Hebrew = 'small man of peace' or

'worshipper of the god Shalman'
Father of Cybi around 500
Selyf ap Cynan, led the Welsh in the battle of Chester,
and died there, around 613

SELYN ♂

SENWYR ♂
Llansenwyr, Bro Morgannwg
Llansannor, Vale of Glamorgan, anglicized as Sannor

SERAN ♀
Saeran, Saran, Seren

SEREN ♀
> Lladin = tawel neu Gymraeg = seren
> Latin = quiet or Welsh seren = star

SERIAN ♀
Seren, Saran

SETH ♂
> Hebraeg = iawndal
Un o feibion Adda ar ôl marw Abel
> Hebrew = compensation
One Adam's sons after death of Abel

SHÂN ♀
Siân

SHÔN ♂
Siôn

SHONI ♂
Siôn, Shôn

SIABOD ♂
Moel Siabod, mynydd
yng Ngwynedd
Moel Siabod,
mountain in
Gwynedd

SIAMS ♂
Iago
Cyfateb i James
Equivalent of James

Siân Lloyd

SIÂN ♀
> Hebraeg Johanan = 'Mae Iehofa wedi ei
ffafrio'. Ffurf fenywaidd Siôn
> Hebrew Johanan = 'Jehovah has favoured'.
Feminine form of Siôn

SIANCO ♂
Ffurf anwes ar Siencyn
Affectionate form of Siencyn

SIANI ♀
Ffurf anwes ar Siân
Affectionate form of Siân

SIARL ♂
Carlo
> Hen Almaeneg carl = dyn. Cyfateb i'r Saesneg Charles
> Old German carl = man. Equivalent of English
Charles

SIARLYS ♂
Carlo, Siarl

SIBLI ♀
> Groeg Sibila, yr enw ar wragedd a oedd yn llais i'r
oraclau
Sibli Ddoeth
> Greek Sibila, the name of women who gave voice to
the oracles
Sibli Ddoeth (the wise)

SIDAN ♀
sidan = silk

SIEFFRE ♂

> Hen Almaeneg = tir, teithiwr neu lw heddwch Saesneg.
Cyfateb i Geoffrey
Sieffre o Fynwy, 1090?–1155, Esgob Llanelwy a
chroniclydd; awdur *Historia Regum Britanniae*
> Old German = land, traveller or pledge of peace.
Equivalent of Geoffrey
Sieffre o Fynwy, 1090?–1155, Geoffrey of Monmouth,
Bishop of Llanelwy (St Asaph) and chronicler, author of
Historia Regum Britanniae

SIENCYN ♂

Enw a ddaeth gyda'r Fflemiaid. Ffurf ar Siôn + BYCHANIG.
Seisnigwyd yn Jenkin
The name came with the Flemish. Form of John
+DIMINUTIVE. Anglicized as Jenkin

SILFAN ♂

Silfanws
> Lladin 'silva' = coed
> Latin 'silva' = wood

SILFANA ♀

ffurf fenywaidd ar Silfan
feminine form of Silfan

SILFANWS ♂

Duw Rhufeinig coed a chaeau
Roman god of woods and fields

SILIN ♂

Silin ap Hywel

SILYN ♂

Silin
Cwm Silyn, Sir Gaernarfon
R. Silyn Roberts, 1871–1930, gweinidog a gweithiwr
cymdeithasol
Cwm Silyn, Carnarfonshire
R. Silyn Roberts, 1871–1930, minister and social worker

SIMWNT ♂

Seimon
Simwnt Fychan, *c.*1530–1606, bardd o Ddyffryn Clwyd
Simwnt Fychan, *c.*1530–1606, poet from Vale of Clwyd

SINA ♀

> Hebraeg, ymchwilydd gwybodaeth, neu'r Wyddeleg
Sheenagh > Siân
> Hebrew, explorer of knowledge, or Irish Sheenagh >
Jane

SIÔN ♂
\# Ioan
> Hebraeg Johanan
= 'Mae Iehofa wedi
ffafrio'. Cyfateb i'r
Saesneg John
Siôn Cent, 1367?–
1430?, bardd
> Hebrew Johanan =
'Jehovah has favoured'.
Equivalent of English
John
Siôn Cent, 1367?–1430?, poet

Siôn Cent

SIONA ♀
Benywaidd Siôn
Feminine of Siôn

SIONED ♀
Ffurf anwes ar Siân
Affectionate form of Siân

SIONEN ♀
\# Sioned

SIONI ♂
Ffurf anwes ar Siôn
Sioni Sgubor Fawr (John Jones), *fl.* 1811–58, un o
derfysgwyr Rebeca
Affectionate form of Siôn
Sioni Sgubor Fawr (John Jones), *fl.* 1811–58, one of the
Rebecca rioters

SIONYN ♂
Ffurf anwes ar Siôn
Affectionate form of Siôn

SIÔR ♂
> Groeg 'georgos' = ffermwr. Cyfateb i'r Saesneg George
> Greek 'georgos' = farmer. Equivalent of English
George

SIRIOL ♀
siriol = cheerful

SISIL ♀
? > Cecilia, Lladin, y ffordd i'r dall. Nawddsant
cerddoriaeth
? > Cecilia, Latin, the way for the blind. Patron saint of
music.

SIWAN ♀

Cyfateb i'r Saesneg Joan
Merch John, brenin
Lloegr, gwraig
Llywelyn Fawr, 13eg
ganrif
Equivalent of English
Joan
Daughter of John,
king of England, wife
Llywelyn Fawr, 13th century

SIWSAN ♀

Siwan a Llywelyn Fawr

> Hebraeg Shushannah = lili.
Cyfateb i'r Saesneg Susan
> Hebrew Shushannah = lily. Equivalent of English
Susan

SIWSANNA ♀

Siwsan

STEFFAN ♂

> Groeg 'steffanos' = coron, cyfateb i'r Saesneg Stephen.
Y merthyr Cristnogol cyntaf. Dydd Gŵyl, Dydd San
Steffan, 26 Rhagfyr
Llansteffan, Sir Gaerfyrddin

> Greek 'steffanos' = crown, equivalent of English
Stephen
The first Christian martyr. Celebrated 26 December,
known as Dydd San Steffan
Llansteffan, Carmarthenshire
San Steffan = Westminster

STIFYN ♂

Steffan

SULGWYN ♂

Sulgwyn = Whitsun

SULGEN ♂

Sulien
Afon yn Sir Gaerfyddin
A river in Carmarthenshire

SULIAN ♂ SULIAN ♀

Sulien

SULIEN ♂

sul + geni
Rhosili, Morgannwg
Duw haul y Celtiaid
Sant Celtaidd cynnar, 6ed ganrif, Esgob Tyddewi 1011–
91, tad Rhygyfarch

sul = sun + geni = born
Rhossili, Glamorgan
Celtic sun god
Early Celtic saint, 6th century, Bishop of St David's
1011–91, father of Rhygyfarch

SULWEN ♀
Sulwyn

SULWYN ♂
Sul = sun + gwen = white; Sulgwyn = Whitsun

SYCHARTH ♂
Cartref Owain Glyndŵr
The home of Owain Glyndŵr

SWYN ♀
= charm, enchantment

T

TABITHA, TABATHA ♀
O'r Aramaeg = gafrewig
From Aramaic = gazelle

TAF ♂
Afon ym Morgannwg a Phenfro/Caerfyrddin
River in Glamorganshire (Taff) and Pembrokeshire and
Carmarthenshire (Taf)

TAFWYS ♂
Afon Tafwys = river Thames

TAFYDD ♂
Taf

TANGWEN ♀
Crybwyllir yn *Culhwch ac Olwen*
tang = peace + gwen = white
Mentioned in *Culhwch and Olwen*

TANGWYN ♂
tang = peace + gwyn = blessed

TANGWYSTL ♀
Tanglws, Tanglwst
Merch Brychan, gwraig Cyngen ap Cadell
tang = peace + gwystl = hostage, pledge
Daughter of Brychan, wife of Cyngen ap Cadell

TALAN ♂
Talan ap Llywarch Hen

TALFAN ♂
Aneirin Talfan Davies, 1909–80, llenor a darlledwr
tal = tall + ban = beacon
Aneirin Talfan Davies, 1909–80, writer and broadcaster

TALFOR ♂
? tal = tall or tâl = brow + mawr = big

# TALFRYN ♂
tal = tall + bryn = hill

TALHAEARN, TALHAIAN ♂
Un o'r tri bardd enwog ym marddoniaeth Cymru'r 6ed ganrif
Talhaearn, enw barddol John Jones, 1810–70
Llanfair Talhaeran
tal = tall or tâl = brow + haearn = iron

One of the 3 famous poets in Welsh poetry of 6th century
Talhaearn, bardic name of John Jones, 1810–70
Llanfair Talhaearn

TALIA ♀
O'r Hebraeg = gwlith o'r nef, neu dalfyriad o Natalia
From Hebrew = dew of heaven, or short form of Natalia

TALIESIN ♂
Bardd o'r 6ed ganrif, cyfoeswr ag Aneirin, canodd i Urien Rheged
Enw arall ar Gwion yn chwedl Ceridwen
tâl = brow + iesin = radiant
Poet of 6th century, contemporary of Aneirin, sang to Urien Rheged
Another name for Gwion in the tale of Ceridwen

TALOG ♂
Pentref yn Sir Gaerfyrddin
Village in Carmarthenshire

# TALWYN ♂
tal = tall + gwyn = white

TANAD ♂
Afon a dyffryn ym Mhowys
A river and valley in Powys

TANAT ♂
Tanad

TANWEN ♀
tân = fire or tang = peace + gwen = white

TANWG ♂
Llandanwg, Gwynedd

TARA ♀
Bryn Tara, Iwerddon,
man cysylltiedig â hen
frenhinoedd
Tara Hill, Ireland,
associated with
ancient kings

TARIAN ♂
tarian = shield

TARNAM ♂
Llantarnam, Torfaen

Tara Bethan

TARYN ♀

TATHAN ♂
Sant o'r 5ed ganrif, nawddsant Caer-went. Dydd Gŵyl,
26 Rhagfyr
Sain Tathan, Morgannwg
5th century saint, patron saint of Chepstow. Feast Day,
26 December. StAthans, Glamorgan

TAWE ♂
Afon Tawe, Morgannwg
River Tawe, Glamorgan

TECWYN ♂
Sant cynnar, dilynydd Sant Cadfan
Llandecwyn, Sir Feirionnydd
teg = fair + gwyn = white, blessed
Early saint, follower of St Cadfan
Llandecwyn, Merionethshire

TEGÁI, TEGAI ♂ TEGÁI ♀
Tegái ab Ithel Hael
Sant cynnar ym Môn
Llandygái, Gwynedd
Early saint in Anglesey
Llandygái, Gwynedd

TEGAN ♂ TEGAN ♀

Tegan, sant cynnar; afonig yng Ngheredigion
tegan = toy or teg = fair
Early saint; stream in Ceredigion

TEGAU ♀

Tegan
Tegau Eurfron, arwres chwedlonol, gwraig Caradog
Freichfras
Tegau Eurfron, legendary heroine, wife of Caradog
Freichfras

TEGEIRIAN ♂ TEGEIRIAN ♀

teg = fair + eirian = beautiful or tegeirian = orchid

TEGERIN, TEGERYN ♂

Cyndad dau lwyth ym Môn
An ancestor of two Anglesey tribes

TEGFAN ♂

Tad-cu Coel Hen
Sant cynnar ym Môn
Crybwyllir yn *Culhwch ac Olwen*
teg = fair + ban = summit or man = place
Grandfather of Coel Hen
Early saint in Anglesey
Mentioned in *Culhwch and Olwen*

TEGFEDD ♀

Tegfedd ferch Tegid Foel, gwraig Cedig ap Ceredig
Chwaer Tydecho, sant o'r 6ed ganrif, mam Teilo
Llandegfedd, Mynwy
Tegfedd daughter of Tegid Foel (bald), wife of Cedig ap
Ceredig
Sister of Tydecho, a 6th century saint, mother of Teilo
Llandegfedd, Monmouthshire

TEGFRYN ♂

teg = fair + bryn = hill

TEGID ♂

> Lladin, Tacitus, neu = prydferth
Hen dad-cu Cunedda
Tegid Foel, yn byw yn Llyn Tegid, yn ôl chwedl *Taliesin*,
tad Morfran
Tegid ap Teithwalch, brenin Brycheiniog, 8fed ganrif,
gelyn i Offa
Llyn Tegid, Meirionnydd
> Latin, Tacitus, or teg = fair
Great grandfather of Cunedda
Tegid Foel, lived in Llyn Tegid according to the *Taliesin*
tale, father of Morfran
Tegid ap Teithwalch, king of Brecon, 8th century, enemy
of Offa
Llyn Tegid = Bala Lake

TEGLA ♂
Sant cysylltiedig
â Llandegla, Sir
Ddinbych
E. Tegla Davies,
1880–1967, nofelydd a
gweinidog
Saint associated
with Llandegla,
Denbighshire
E. Tegla Davies, 1880–
1967, novelist and minister

E. Tegla Davies

TEGRYN ♂
ty ANWES + Egryn
Sant cysylltiedig â Llanegryn, Gwynedd
Tegryn, Ceredigion
ENDEARING ty + Egryn
Saint associated with Llanegryn, Gwynedd

TEGWAL ♂
Tegwel, Degwel

TEGWEDD ♀
teg = fair +gwedd = appearance

TEGWEL ♂
Degwel

TEGWEN ♀
# Tegwyn
teg = fair + gwen = white

TEGWYN ♂
Tegwyn ap Gwyddno Hen
teg = fair + gwyn = white

TEGYN ♀ TEGYN ♂
# Tegwyn, Tegwen
teg = fair

TEGYR ♀

TEIDDWEN ♀
ty ANWES + Eiddwen
ENDEARING ty + Eiddwen

TEIFI ♂ TEIFI ♀
Afon Teifi, Aberteifi
River Teifi, Aberteifi (Cardigan)

TEIFINA ♀
Teifi

TEIFION ♂
Teifi
ty ANWES + Eifion
ENDEARING ty + Eifion

TEIFRYN ♂
? Teifi + bryn = hill

TEILO ♂
Sant o'r 6ed ganrif, a weithiai yn ne Cymru a Llydaw
Llandeilo, Dyfed
6th century saint, who worked in south Wales and
Brittany
Llandeilo, Dyfed

TELAID ♀
telaid = beautiful

TELERCH ♂
Tredelerch, ger Caerdydd
Tredelerch = Rumney, Cardiff

TELERI ♀
ty ANWES + Eleri
Crybwyllir yn *Culhwch ac Olwen*
Afon yn Nyfed a Sir Fynwy
endearing ty (= your) + Eleri
Mentioned in *Culhwch and Olwen*
River in Dyfed and Gwent

TELIDWEN ♀
? telaid = beautiful + gwen = white, fair

TELOR ♂
telori = sing

TERFEL ♂
Derfel

TERWYN, TERWIN ♂
# Derwyn
ter = bright + gwyn = white

TESNI ♀
tesni = warmth

TEWDWR ♂
Tudur
?> Groeg 'theodoros' = rhodd Duw
Tewdwr ap Beli
?> Greek 'theodoros' = gift of God

TEYRNOG ♂
Tyrnog
Sant cynnar o Iwerddon
An early Irish saint

TEYRNON ♂
Arglwydd Gwent Is-coed yn *y Mabinogi*
Yn dychwelyd Pryderi i Bwyll a Rhiannon
Y brenin mawr yng nghrefydd y Celtiaid
teyrn = ruler
Lord of Gwent Is-coed in the *Mabinogion*
Returns Pryderi to Pwyll and Rhiannon
The great king in Celtic religion

TIMOTHEUS ♂
> Groeg = anrhydedd + duw. Enw Beiblaidd
> Greek = honour + god. Biblical name, equivalent of
Timothy

TIRION ♀
teirion = gentle

TOMAS ♂
Tomos
Tomas ab Ieuan ap Rhys, *c.*1510–1560, bardd
Tomas ab Ieuan ap Rhys, *c.*1510–1560, poet

TOMI ♂
Ffurf anwes ar Tomos
Affectionate form of Tomos (Tommy)

TOMOS ♂
> Aramaeg = gefaill. Un o'r 12 apostol
> From Aramaic = twin. One of the 12 apostles

TONWEN ♀
Tonwen ferch Cynyr
Gwraig y brenin cynnar Dyfnwal Moelmud
ton = wave + gwen = white
Wife of the early king Dyfnwal Moelmud

TONWENNA ♀
Tonwen

TOWYN ♂
\# Tywyn

TREBOR ♂
\# Trefor, Robert

TREFÎN ♂
Trefîn, Sir Benfro
Enw barddol Edgar
Phillips, 1889–1962,
bardd
Trefin, Pembrokeshire
Bardic name of
Edgar Phillips, 1889–1962, poet

Trebor Edwards

TREFOR ♂
Sawl enw lle
Tudur Trefor ab Ynyr, *fl.* 950, sylfaenydd un o 15
teulu bonheddig Cymru
tref = home or town + mor = great or môr =sea
Name of many places
Tudur Trefor ab Ynyr, *fl.* 950, chief of one of 15 noble
families of Wales

TREGELES ♂
Tregele, Môn
Tregele, Anglesey

TRILLO ♂
Trillo ab Ithel Hael
Llandrillo-yn-Rhos, Dinbych
Llandrillo on Sea, Denbighshire

TROFANA ♀
trofannau = tropics

TRYDDID ♂

TRYDWYN ♂

TRYFAL ♂
Nant Tryfal, Gwynedd a Morgannwg
Nant Tryfal, stream in Gwynedd and Glamorgan

TRYFAN ♂
try- CRYFHAOL + ban
Mynydd yng Ngwynedd
try- INTENSIFYING PREFIX + ban = peak
Mountain in Gwynedd

TRYFANWY ♂ TRYFANWY ♀
Tryfan

TRYGAN ♂
Trygarn
Enw plas ym Mryncroes, Caernarfon a droes yn enw personol
Name of mansion in Bryncroes, Caernarfon, which became used as a personal name

TRYGARN ♂
try- CRYFHAOL + carn = craig; neu tref + carn
try- intensifying pefix + carn = rock; or tref = house, town + carn = cairn

TRYSTAN, TRISTAN ♂
Drystan
> Celteg 'trwst' = twrw; dylanwad Ffrangeg triste = trist
Trystan ap Tallwch
Arwr y chwedl *Trystan ac Iseult / Esyllt*
> Celtic 'trwst' = tumult; influence of French triste = sad
Hero of the tale *Trystan ac Esyllt (Tristan and Isolde)*

TUDFOR ♂
# Tydfor
tud = land + mor = great or môr = sea

TUDFUL, TUDFIL ♀
Tudfyl, Tydfil
Santes, merch Brychan, merthyrwyd hi ym Merthyr Tudful yn ôl y traddodiad
Saint, daughter of Brychan, she was martyred at Merthyr Tudful according to the tradition

TUDFWLCH ♂
Tudfwlch fab Cilydd, aeth i Gatraeth (gw. Aneirin, 'Trawai ef Saeson bob un o'r saithdydd')
Tudfwlch fab Cilydd, went to Catraeth (Catterick) (v. Aneirin, 'He struck Englishmen every one of the seven days')

TUDNO ♂
Tudno ab Seithennin
Sant o'r 6ed ganrif, cysylltiedig â Llandudno
6th century saint associated with Llandudno

TUDRI ♂
# Tudur
tud = land or tribe + rhi = ruler

TUDRIG ♂
Tudur
Brenin Gwent, 5ed ganrif
King of Gwent, 5th century

TUDUR ♂
Tewdwr, Tudri
> Celteg Teutorigos, genidol = Teutoris, felly Tudur neu Tudri
neu > Groeg 'theodoros' = rhodd Duw
Harri Tudur, Harri VII a gipiodd goron Lloegr yn 1485
Tudur Aled, *fl.* 1480–1526, bardd o Lansannan
> Celtic name Teutorigos, genitive form = Teutoris, thus Tudur or Tudri
or > Greek 'theodoros' = gift of God
Harri Tudur, Henry VII who took crown of England in 1485
Tudur Aled, *fl.* 1480–1526, poet from Llansannan

TUDUST ♀
Merch Brychan
Daughter of Brychan

TUDWAL ♂
Sant cynnar
Tudwal ap Rhodri Mawr
Tudweiliog, Llŷn
tud = country, tribe, + gwal = ruler
Early saint

TWELI ♂
Tyweli
? dywal = dewr, ffyrnig, neu diwel = arllwys
Dywel ab Erbin, arwr a gladdwyd yng Nghaeo
Afon Tyweli ger Alltwalis, Caerfyrddin
? dywal = brave, fierce, or diwel = pour
Dywel ab Erbin, hero buried at Caeo
Tyweli river near Alltwalis, Carmarthenshire

TWM ♂
Ffurf anwes ar Tomos
Twm o'r Nant, Thomas Edwards, 1739–1810, bardd ac anterliwtiwr
Twm Siôn Cati, Thomas Jones, *c.*1530–1609, tirfeddiannwr, hynafiaethydd, bardd, y tyfodd chwedlau o'i gwmpas
Twm Carnabwth, Thomas Rees, 1806?–1876, un o arweinwyr Terfysg Rebeca
Affectionate form of Tomos
Twm o'r Nant, Edward Thomas, 1739–1810, poet and writer of interludes

Twm Morys

Twm Siôn Cati, Thomas Jones, *c*.1530–1609, landowner, antiquarian and poet, around whom tales of banditry grew

Twm Carnabwth, Thomas Rees, 1806?–1875, one of the Rebecca riots leaders

TWROG ♂
Sant cysylltiedig â Llandwrog, Sir Gaernarfon
Saint associated with Llandwrog, Carnarfonshire

TWYNOG ♂
Thomas Twynog Jeffreys, 1844–1911, bardd
Fferm Maestwynog, ger Llanwrda, Caerfyrddin
twyn = dune, down
Thomas Twynog Jeffreys, 1844–1911, poet
Maestwynog farm near Llanwrda, Carmarthenshire

TYBÏE ♀
Santes, merch Brychan
Llandybïe, Caerfyrddin
Saint, daughter of Brychan
Llandybïe, Carmarthenshire

TYBION ♂
Tybio, Dybion
Tybion ap Cunedda Wledig

TYDFILYN ♂ TYDFILYN ♀
Tudful

TYDFOR ♂
Tudfor
Tydfor Jones, 1934–83, bardd
Tydfor Jones, 1934–83, poet

TYDWEN ♂
? Tud = country + gwen = white

TYFRIOG ♂
Briafael, Brieg
Ffurf anwes ar Briafael
Affectionate form of Briafael

TYFRION ♂
Tyfriog

TYFYRIOG ♂
Tyfriog, Biafael, Brieg

TYLERI ♀
Teleri
Abertyleri, Mynwy
Abertyleri, Monmouthshire

TYNAN ♂
O'r Wyddeleg = tywyll
From Irish = dark

TYSILIO ♂
Sant o'r 7fed ganrif, mab Brochfael brawd Cynan
Garwyn, tywysog Powys
Llantysilio, Môn
7th century saint, son of Brochfael, brother of Cynan
Garwyn, prince of Powys
Llantysilio, Anglesey

TYSUL ♂
Sulien
Ffurf anwes ar Sulien
Sant cynnar
Tysul ap Corun
Llandysul, Ceredigion
An early saint
Affectionate form of Sulien
Llandysul, Ceredigion

TYWELI ♂
Tweli

TYWI ♂
Afon Tywi, Caerfyrddin
River Tywi, Carmarthenshire

TYWYN ♂
Tywyn, Gwynedd
= ray or sea-shore
Tywyn = Towyn, Gwynedd

TYWYNNOG ♂
Tywyn
Sant cynnar
Botwnnog, Sir Gaernarfon
Early saint
Botwnnog, Carnarfonshire

U

UNDEG ♀
\# Indeg
un = one + teg = fair

UNGOED ♂
un = one + ?coed =trees

URFYL ♀
Merch Padarn Sant
Daughter of St Padarn

URIEN ♂
> Brythoneg Urbigenos = wedi'i eni mewn dinas neu o
enedigaeth freintiedig
Urien Rheged ap Cynfarch, arweinydd y Brython yn y
6ed ganrif yn yr Hen Ogledd
> Brythonic Urbigenos = born in a city or of privileged
birth
Urien Rheged ap Cynfarch, leader of the Britons in the
6th century in northern England and southern Scotland

W

WALDO ♂
> Hen Saesneg
wealdtheof, weald =
grym, theof= lleidr;
Gotheg valdan =
teyrnasu
Waldo Williams, 1904–71,
bardd a chenedlaetholwr
> Old English wealdtheof; weald =
power, theof = thief; Gothic
valdan = rule
Waldo Williams, 1904–71, poet and nationalist

Waldo Williams

WATCYN ♂
\# Gwatcyn
> Hen Almaeneg Waldhar, vald = rheolaeth + harja
= pobl
Watcyn Wyn, enw barddol Watkin H. Williams,
1844–1903, bardd, pregethwr, athro
> Old German Walhar, vald = rule + harja = folk
Watcyn Wyn, bardic name of Watkin H. Williams,
1844–1903, poet, preacher, teacher

WENA, WENNA ♀
\# Awena, Morwena, Wenna
Wenna ferch Brychan
Wenna, daughter of Brychan

WENHAF ♀
gwen = white, fair + haf = summer

WENORA ♀

WERNOS ♂
\# Gwernos

WIL ♂
Ffurf anwes ar Gwilym
Wil Ifan, enw barddol
William Evans, 1888–
1968,
bardd telynegol ac
archdderwydd
Wil Sam, dramodydd, 1920–2007
Affectionate form of Gwilym.
Equivalent of Will
Wil Ifan, bardic name of William Evans, 1888–
1968, lyrical poet and archdruid
Wil Sam, playwright, 1920–2007

Wil Sam

WILIAM ♂
\# Gwilym
> Saesneg William
Willam Llŷn, 1534/5–80, bardd
> English William
Willam Llŷn, 1534/5–80, poet

WMFFRE ♂
> Hen Saesneg Hunfrith, Huni = cawr + frith = heddwch
> Old English Hunfrith, Huni = giant + frith = peace

WYN ♂
\# Gwyn
gwyn = white, fair, blessed

WYNALLT ♂
\# Gwynallt

WYNONA ♀

WYRE ♂
Cwm ac afon yng Ngheredigion
Valley and river in Ceredigion

Y

YNYR ♂

\# Emyr

> Lladin, Honorius, amrywiad arno yw Emyr
Ynyr mab Cynfelyn, 4edd ganrif
Daeth meibion Ynyr Lly daw i Gymru yn y 6ed ganrif,
llawer ohonynt yn saint

> From Latin, Honorius. A variation of the name is
Emyr
Ynyr, mab Cynfelyn, 4th century
Sons of Ynyr Llydaw (Brittany) came to Wales in 6th
century, many of them saints

YSTWYTH ♂ YSTWYTH ♀

Afon Ystwyth, Ceredigion
ystwyth = supple
River Ystwyth, Ceredigion

YWAIN ♂

\# Owain

Hefyd gan Heini Gruffudd
Also by Heini Gruffudd

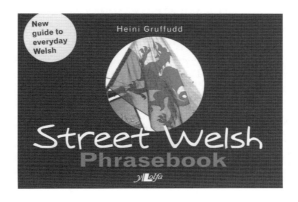

Y cam cyntaf tuag at ddysgu'r iaith!
Start using the language with this full-colour phrasebook!
0 - 86243 - 902 - 7
£4.95

Am restr gyflawn o lyfrau'r Lolfa
gan gynnwys ein geiriadur i ddysgwyr,
gofynnwch am gopi o'n Catalog rhad
neu hwyliwch i mewn i'n gwefan,
lle gallwch brynu llyfrau ar-lein.

For a full list of Lolfa publications
including The Welsh Learner's Dictionary,
ask for a free Catalogue
or simply surf into our website,
where you can buy books on-line.

www.ylolfa.com

Talybont Ceredigion Cymru SY24 5HE, ffôn 01970 832 304, ylolfa@ylolfa.com